智动体育视野下的初中体育教育审视与创新研究

周　云◎著

吉林大学出版社

长　春

图书在版编目(CIP)数据

智动体育视野下的初中体育教育审视与创新研究 /
周云著. -- 长春 : 吉林大学出版社, 2020.8
ISBN 978-7-5692-6897-3

Ⅰ.①智… Ⅱ.①周… Ⅲ.①体育课-教学研究-初
中 Ⅳ.①G633.962

中国版本图书馆 CIP 数据核字(2020)第 154602 号

书　　名	智动体育视野下的初中体育教育审视与创新研究
	ZHIDONG TIYU SHIYE XIA DE CHUZHONG TIYU
	JIAOYU SHENSHI YU CHUANGXIN YANJIU
作　者	周 云 著
策划编辑	刘 佳
责任编辑	刘 佳
责任校对	刘 丹
装帧设计	郭少飞
出版发行	吉林大学出版社
社　址	长春市人民大街 4059 号
邮政编码	130021
发行电话	0431-89580028/29/21
网　址	http://www.jlup.com.cn
电子邮箱	jdcbs@jlu.edu.cn
印　刷	长春市昌信电脑图文制作有限公司
开　本	880mm×1230mm　1/32
印　张	6.125
字　数	140 千字
版　次	2020 年 8 月　第 1 版
印　次	2020 年 8 月　第 1 次
书　号	ISBN 978-7-5692-6897-3
定　价	36.00 元

前　言

当今社会对人才的需求量越来越大，人们的价值观念、行为规范、交流空间等伴随着社会的高速发展也都发生了极为巨大的变化，人们对人才的培养也从单一的技能培训向多方向全面发展。"教育要从娃娃抓起"成为现阶段学校与家庭一致认同的口号，这就对学校教育计划的制定提出了更高的要求。而对处于人生发展阶段黄金期的青少年来说，这个时期是他们形成正确的人生观、提高社会适应能力的重要时期，学校教育对他们的发展尤为重要。

自20世纪80年代以来，我国逐渐改变教学策略，尤其是对体育教学领域的改革和探索，从政策的改革到课程内容的实施，取得了很多研究成果。但是青少年的体质状况依旧令人担忧，各级学校增加学习任务，中学生的学业压力依旧很重，幼儿园小学化、小学中学化、初中高中化……可见，学生所承担的学习重任远远超出了他们这个年龄的承受范围。在这个以独生子女为主的群体中，由于长时间地承担繁重的学习压力，他们普遍缺乏与同学、教师、家长的交流，虽然在一定程度上提高了学习成绩，但是也产生了一定的弊端。青年一代的交流更少，其自私自利的陋习影响了人际关系与团队合作意识，他们被课本与强烈的社会压力牢牢地束缚着，为了提高学习成绩而刻板地学习着枯燥、烦琐的书本知识，忽略了个性的全面发展和社会意识的培养。在学校体育教学中，传统的体育教学内容、刻板的上课方式不能引起中学生足够的兴趣，学校、家长、学生对体育课的认识及重视程度不够，体育课的改革停滞不前。这种种情况都要求初中体育教育工作者必须积极调整自身的教育教学理念，在智动体育视野下有效开展初中体育教育的审视与创新研究。基于此，笔者结合自身的体育教学实践经验，针对如何高效开展初中体育教育教学进行了细致分析与探讨。

目　录

第一章　初中体育生成性教学研究

第一节　核心概念阐释

一、生成与生成性

《现代汉语词典》（第七版）对生成的解释是："（自然现象）形成；经过化学反应而形成；产生。"《辞海》（第六版）对生成的解释是：①即"变易"。②生来就有。

生成是生长和建构，是根据课堂教学本身的进行状态产生的动态形成的活动过程，具有丰富性和生成性。生成可分为两种，一种是我们预设下的现象，另一种是我们不曾预设到的现象。

综合查阅的资料，笔者从体育课堂教学的角度阐释对生成的理解：第一，生成是自然形成的学习过程，是师生在体育课堂上对各种信息的主动而并非刻意建构的过程。第二，生成是动态的并时刻充满变化的学习过程。在初中体育教学过程中，所有的信息都可能被学生或教师构建，尤其是在运动技能的学习过程中，学生的第一感知将会不由自主地引导学生生成相关动作或信息。第三，生成在体育课程教学中是师生互动、合作的一个相互学习的过程。生成性是生成的一种属性或特性，是与预设性相对而言的。

二、生成性教学和生成性体育教学

首先，生成性教学是指在弹性预设的前提下，在教学的展开过程中由教师和学生根据不同的教学情境自主构建教学活动的过程。生成性教学是遵守规则而又不局限于规则，遵循规律又不局限于规律，关注教师的主导地位，更注重学生的主体地位的教学方式。

生成性体育教学是建立在生成性教学基础上的在体育学科领域的一种新的教学模式。当生成性和体育教学联系在一起时，对传统的体育课程教学而言既是一种冲击，又是一种全新的教学形式的形成。体育从本质而言，是为了增强人们的体质而进行的一种活动。体育教学是教与学的统一活动，是在教师有目的、有计划的指导下，积极主动地学习与掌握体育、卫生保健基础知识和基本技术、技能，锻炼身体，增强体质，促进健康，发展运动能力，培养思想品德的一种有组织的教育过程。"生成性教学"是生成性思维在教学中的绘写，关注过程，倡导生成；在不断超越中重塑生命的意义，彰显了生存论的价值诉求。

生成性体育教学是建立在体育本质基础上的一种新型的教学形式，是生成性思维在体育学科教学中的合理运用，既结合了生成性教学注重过程、注重自然、注重互动的特性，又结合了体育课程本身所具有的对身体、生命的尊重和教育。

第二节 内涵阐释

一、生成性教学的内涵

从教学理念来讲，生成性教学的理念是个体生命有意义的一部分，注重人自然的成长，尊重学习者的个体价值。因此，树立"以人为本"的思想，让学习者充分体会到自由和自主，切实注重自身的自我体验，达到真正的自我实现。

从教学过程来说，生成性教学呈现出不确定性和非规律性，不同于传统的线性教学过程，教师要针对具体情况，根据不同的学习者，利用课堂中不同的教学资源，为提高教学效果、满足学习者的需要，随之采取不同的教学方式，营造一种师生平等交流、融洽的学习环境，从而实现教学对话的长久进行。

从师生地位来说，生成性教学所构建的就是"以教师为主导，学生为主体"的课堂，教师只是引导学生参与学习的过程，引领学生走进课堂，而学生才是课堂的主体，不同的学生会有不同的问题，学生不仅是接受知识，也可以生成不同的教学资源，教师则及时地利用这宝贵的教学资源，引导学生利用教学资源，促进自身发展，保证学生的主体地位。

从教学目标来说，生成性教学的课堂是指教学目标的设计要体现出一定的随机多变性、多样性，教师可以根据所处的课堂及时地调整教学目标，利用学生的兴趣点，采用"自主、合作、探究"的新的学习方式，追求学生完整、全面、终身发展，力求"三维目标"不断融合，生成新的资源和内容、新的教学目标，使教学目标更有利于学生自由发展。

从教学评价来说，生成性教学的课堂重视的是过程和结果，注重学生的起点水平，追求评价者和被评价者之间的和谐关系，而不是以考试作为唯一的评价方式。生成性教学评价具有多维性和过程性，主要判断学生的学习效果，教学评价作为贯穿教学活动的一条线，以让学生在教学评价过程中实现自身发展为目的。

总之，生成性教学的课堂是一个多维度的系统，以为学生的成长和发展服务为立足点，通过教师与学生的交流合作，产生不同的教学需要，而根据具体的需要，及时调整教学目标，让师生对话能够动态、持久地进行。

二、初中体育生成性教学的特点

（一）生成多元性

生成性教学注重学生的主体性和创造性，促使学生的学习思维更活跃，学习空间更宽广，由此生成的信息更丰富，学生是教学资源的主要生成者。而教师负责呈现知识，指导学生学习，重组教学资源。然而，教师所要重组的资源和信息有的是显性的，有的是隐性的，或跟课堂有关，或跟课堂无关。所以，教师的任务就变得较为复杂和烦琐，这就要求教师要及时"生成"新的教学方式方法。在体育课堂中，学生是"动"的，所以教师要促进学生"动"，帮助学生更好地"动"。在生成性体育教学中，既有学生在"生成"，也有教师在"生成"，教师要善于及时利用多元的生成资源，让体育课堂教学更加精彩。

（二）过程情境性

体育是一门实践性强的学科，承认体育教学发展的一般规律，但拒绝普遍规律的简单搬运。不同的体育项目在不同的情形中会生成不同的信息；同样的体育运动项目，在不同的学习者间会产生不同的效果。教师要根据当时的教学情境，采用具体的教学方法，试图通过设置多元化的学习情境以激发学生学习兴趣，吸引学生的注意力，使生活的真实情境能够在体育教学中生动地呈现出来，从而有利于学生主动生成和建构新的知识，使学生以最自然的状态参与体育教学活动。

（三）沟通互动性

生成性体育教学是一种"非线性教学"，过程中既能体现出"流"，还不难发现过程中所出现的"变"。生成性教学是师生、生生互动的一个过程，教师通过与学生不断地沟通、交流，对学生的兴趣点和价值取向进行判断，让学生有目标地去学习。而且教师不断整合和重组生成性资源，在动态的教学过程中，师生共同学习，共同构建动态的体育教学课堂，保证师生平等交流，让课堂真正"动"起来，以达到最佳的学习效果。体育教学是关系及活动的存在，处在一个动态变化的生成过程中。体育教学活动的多样性与多变性，是受人的发展性和体育教学系统本身的复杂性这两方面的因素共同影响的。因此，决定了动态生成是体育教学中永恒的主题。

（四）资源自然性

生成性思维更多地强调把生成当作一种方法，教师关注和审视教学过程、学习过程的某种偶然性、突发性事件的发生，强调人们对生活世界的关注，反对个体偶然性、时间性和超越性的一元论思维模式，承认偶然性。体育教学是一个千变万化的过程，因此具有偶然性和非预料性。在体育课堂上，一切都有可能发生，教师在备课过程中也不可能完全预测到。这是因为授课对象是一个个有思维、活生生的人，他们都有自己独特的见解和丰富的内心世界，每个人的关注点、思考问题的方式与学习的方法都不尽相同。因此，在体育教学中包括周围环境、学生的积极性、学生的思维方式、学生回答问题的答案，都是课堂中随机的、转瞬即逝的生成性资源。体育课堂的教学过程中存在偶然性，课堂的教学效果由教师、学生、教学环境和教学资源决定，对于课堂中突发的偶然事件，教师要时刻遵守教师操守，以开放的心态面对，巧妙地处理偶然事件，让偶然事件成为可用的教学资源。

第三节　理论基础及其研究意义

一、理论基础

基于教育现实的迫切需求，使得生成性教学被运用到各个科目的课堂教学中。从实践的角度审视，这是教学发展的必然过程。从理论上看，也有着较为丰富的理论支撑和深厚的理论渊源。建构主义学习理论认为，认知结构是由积累的知识组成，并且事物的发展是基于一个平衡的状态，而学生在主动建构知识的过程中进行学习；人本主义的教学观是以人为本，以学生为中心，尊重人的自然发展。这些理论的核心价值观都与生成性教学的核心理念相符合。

（一）建构主义学习理论

建构主义发展观包含多种基本的元素和概念，其理论体系通过这些元素间相互交融的作用而共同构成。建构主义的学习观认为，知识不是唯一的、不变的、共同的、绝对的真理；知识并不是终极答案；知识因人而异，不存在共同的知识。因此，需要我们在具体的情况下具体地进行创造和分析。学习在建构主义学习观中也被认为是一项过程性的活动，而学习者才是学习的主体，学生主动地对外部信息进行选择、加工处理，学生将自己已有的经验和知识作为新知识的生成源，以构建新的知识。建构主义学习观的主要内容包括以下三个方面。

第一，学习内容不被认为是唯一的。课本知识不是对现实的准确表征，只是关于各种现象的解释和假设，不能把知识当作法则去传授给学生，知识也因不同学习者的个体差异和环境影响而存在差异。

第二，学习过程是学习者主动利用自身所储备的知识建构新知识的过程。学习过程不是知识由教师向学生的传递过程，而是学生主动建构自己知识的过程，新旧知识相互融合，构建成自己的知识。这种建构建立在个体原有的知识经验的基础上，个体之间存在差异，因此这种知识的建构是他人无法代替的。

第三，学习者是学习的主体。在学习过程中，只有知识而没有学习者，也不能进行学习活动，这样知识就没有意义了。而是应利用学习共同体中个体之间的差异，生成不同的学习资源，从对同一事物的不同理解形成对事物全面的认识。

（二）人本主义学习理论

以教师为中心的传统模式只注重智育，认为知识的拥有者是教师，学生则只是知识的接受者；传授知识的主要手段和方式为讲授课本知识，考查学生知识的掌握程度和知识储备一般运用考试的方式，认为考得好就是掌握了知识，殊不知，能否真正转化和运用，使知识成为自己的才是关键。学校实施不民主管理，学生要服从教师，导致学生和教师关系不平等，学生难以信任教师，学生只是学生，不是对教师、对知识存在敬畏，而只是惧怕教师和被动接受知识。罗杰斯对传统的教育模式进行审视并给予严厉的批判，他认为教育的目的是促进学生身心全面发展，人作为人的特别就在于创造和使用符号，人不能只学习简单的认知和知识，人还应进行情感的学习。因此，他提出了"以学生为中心"的教学模式。华东师范大学的叶澜教授指出，"教学改革要改变的不只是传统的教学理论，还要改变千百万教师的教学观念，改变他们每天都在进行着的、习以为常的教学行为"。①

人本主义学习理论的核心内容主要有以下两方面：

第一，人类生来就具有学习的自然倾向或学习的内在潜力。每个人从幼儿园开始就对世界充满好奇，教师应发现和挖掘人们终身学习的潜能，以生成个体所独有的知识体系和认知方式，促进个体健康发展。让学生在自由的学习氛围中，让学生选择自由的内容，并对自己的学习行为负责，而教师只是为学生提供环境和学习的机会，发挥学生自身的优势，减轻学生的学习压力，排除学习中的不和谐因素，进而推动学生自主、自由地学习。

---

① 叶澜.让课堂焕发出生命活力：论中小学教学改革的深化 [J] .教育研究，1997（9）：3-8.

第二，学习应当是具有意义的。学习者的学习材料首先应当是可以被理解的；其次，学习材料应当是对学生有价值的。教育的目的是教会学生理解存在的个人价值或者个人意义的问题。要让学生选择与自己的兴趣和爱好相符合、自己能够理解的内容学习，而不应强制性地灌输给学生知识。教师的教学应该是线性的、有逻辑性的，学生应注重对学习的内容进行分析，并加以利用。

二、研究意义

首先，有利于改变传统课堂教学理念。伴随着当今新课程改革的进行，生成性教学强烈地冲击着原有的课程模式和课堂教学形态。新课改以新型教育理念为指导，但实施时间比较短，同时人们没有把握新课改理念的精髓，所以在实施新课改的过程中，现代的教学仍然受传统的教育教学理念和方式方法影响。在传统教育领域里，教学过程逐渐程序化、制度化，课堂失去了生机与活力。传统体育教学理念和教学模式在有些地方不是完全符合新课程改革下的以学生为中心和以人为本的教学理念。而生成性体育教学的实施可以很好地解决传统教学模式过分机械、沉闷和程式化的问题。

其次，有利于改善体育课堂教学效果。新课程改革的时代背景下，对课堂教学提出了新的要求。它要求教师要明确自己的主导地位，确立学生的主体地位，要转变课堂教学的理念与模式。这对体育教师来讲，是一个挑战，更是一次机遇。而生成性教学就是在弹性预设的前提下，在教学开展的过程中根据真实的教学情境，由教师和学生共同构建教学活动的过程。体育课堂教学中，生成性资源开发与利用的过程也就是生成性体育教学的过程。开发和利用课堂动态生成性资源，是实现师生交流、生生互动的有效方法。它有利于日常教学效果的改善和教师自身水平的发展。

最后，有利于促进学校体育快速发展。生成性教学解放了教师、解放了学生、解放了教材，更照亮了课堂，它顺应了新课程所倡导的人本观、课程观、教学观，是新课程的一个亮点。目前，这一教学理念已被广大教师所认识和运用。生成性教学涉及的内容很多，包括教师的教学水平、教学机制、教学方式和学生在学习过程中的思维启迪、信息捕捉及问题发现等生成性成果。体育不仅具有强烈的实践性，还具有生活性和交流性的特征。在体育课堂教学中实施生成性教学，符合体育的课程特点，满足了新时代体育教学的需要，生成性体育教育能更好地指导体育教学过程。因此，通过研究体育的生成性教学，能够促进学校体育快速发展。

第四节 初中体育生成性教学实施过程中的策略

一、提高初中体育教师的生成意识和能力

由于体育课程以身体练习为主的特点，使它的课程更加适合开放性的课堂，以及生成性的教学方式。体育在所有的学科里是最有助于学生身心健康全面发展的一门学科。因此，体育在中招测试、学校运动会、各项青少年锦标赛等活动中都有很大的影响力。尤其是近年来对体育中招测试项目的改革、各项目分数的改革、课程的改革等，更加说明了体育在教育事业中的重要地位。无论是体育比赛还是课程改革，都有利于体育教师提高自己的生成意识和能力。具体来讲，可以从以下三个方面实施。

（一）改变课程观

首先，要树立学生的主体意识。学生是课堂的主体，课堂的一切活动都要围绕学生而设定，以学生的角度为出发点，以学生的特点为教学重点，因材施教。在整个教学过程中，让学生成为引领课堂的重要因素，积极主动地调动学生的主观能动性，让学生成为丰富课堂的主人公。

其次，积极树立生成意识。生成是转瞬即逝的，因此要积极地发现。体育课堂是活跃的，时时刻刻都在发生着意想不到的变化，几十个有思想有情感的不统一个体是永远无法预料的，虽然可以预设，但是这么多不确定的因素是没有办法完全预测到的。如果在体育课堂上

完全按照预设的内容实施教学，定会失去体育课堂原有的生命力和活力。而体育课堂的真正价值就在于教师与学生们的互动，学生在好奇和探索中体验体育带给他们的成功与喜悦，以及克服困难学会新技能的成就感。

最后，树立资源意识。教材虽然是课程的重要载体，但教材不是课程的全部。教师应善于结合学生实际掌握的技能水平、个体的运动能力、身体素质等种种因素来确定课程的重难点，以及每堂课程能够完成的技能。这些信息体现在课堂中的每一个小细节，教师要善于捕捉，除了要尊重学生们已有的技能之外，还需要根据他们的反应做出相应的适合他们的教学的调整，使整个学习过程成为生成资源的体现。教师要树立这样的资源意识，并善于捕捉和利用这些不可多得的资源，还要根据这些资源积极地开发新的教材以外和教材以内的课程资源。

（二）保持体育课堂的敏感性

体育课堂教学活动是动态的、无法预料的，学生都是独一无二的，都有着自己的生活背景、学习背景、家庭背景、兴趣爱好、思维模式等，是来自整个过去经验和当前实践的独特个体。因此，要想精确地预测是不可能的，因为他们每个人的大环境不同，当遇到同样的知识的时候接受的也不一样，接受了之后又对知识重新加工做出创造的也不同，这就有了不一样的生成结果，所以教师们在课堂上要具有洞察力和敏感性，抓住这样的机会，促进自己与学生共同进步。无论是学生的情绪还是兴趣、学习态度、问题、错误的答案、同学之间的争论等，这些课堂上司空见惯的事情都隐藏着生成资源，没有敏锐的觉察力，这些宝贵的资源便会流失，也势必扼杀掉这课堂中生成的教学智慧。因此，教师的注意力要集中在课堂上，保持清晰的思维，带着教学任务有目的地进行课堂观察，不放过每一个有利于教学闪现的瞬间。

（三）课堂上随机应变的能力

每一堂课都可能出现各种各样的突发事件，因为学生们都是不可控的不定变化源，教师面对变化中的课堂还要有随机应变的能力，在必要的时候采取行动，保证课堂是向着正确的方向进行的。当课堂上出现突发事件时，教师能够用最有效的方法将课堂继续进行，这是一个优秀的教师应具备的能力，也是保证一堂课能够正常进行的能力。这个能力需要教师有广博的理论知识、扎实的技术能力、与时俱进的教育思想和教育观念，以及关心学生、以学生为本的美好心灵。只有这样，教师在遇到突发事件时才能够凭着自己的经验判断，在理论知识的帮助、技术能力的支持、先进教育思想的保驾护航下，将以学生为本作为出发点，最终做出最正确、有效的处理。

例如，在"立定跳远"新授课中，体育教师需要做完整的动作示范，直观地向学生展示动作，这样有助于教学的实施。但是再怎么纯熟的技术都可能失误，某位教师在一节"立定跳远"的教学中，做动作示范时脚下滑了一下，身体重心没有跟上，跳出去之后，就一屁股蹲坐在了地上，惹得大家哈哈大笑。为了缓解尴尬的场面，该教师就向学生们提出了问题："为什么教师明明是向前跳的，可是却坐在了后面呢？根据你们学习物理中的惯性，我不是应该双手在体前触地吗？"这一问题提出后，学生们安静了下来，并开始思考这一问题。这个时候，教师一定不要慌张，要想办法化解。该教师见学生不作声，就站起来，还有学生帮他拍打衣服上的土。随后，该教师就揭晓了答案，并将动作要领和注意事项，包括考试时的规则都对他们讲了，让他们判断刚才的成绩是从手还是脚后跟开始量，学生们异口同声"从手开始"。然后教师继续下面的教学，并在练习前进行了成功的动作示范。教师在初次示范中失败没有关系，千万不要就此收场，不然会抹杀教师在学生心目中的威信，而要机智地争取第二次的示范机会并力争成功，使学生建立正确的动作表象，然后再继续下面的教学内容。

体育课是在动态生成的情况下进行的实践课，受很多因素的影响，具有不确定性。一名优秀的体育教师不仅能够把预设的内容完成，还可以对课堂中出现的突发事件迅速地做出反应，并巧妙地转变为生成资源，使教学活动不仅没有被打断，反而更加有序、高效。因此，体育教师应该具备良好的课堂随机应变能力，不仅可以保证教学的顺利进行，也是体育教师的职责所在。

二、弹性预设是体育生成的前提

叶澜教授曾说过："一个真正把人的发展放在关注中心的教学设计，会关注学生的个体差异，会为学生主动积极的活动提供保障，会为师生在教学过程中创造性的发挥提供时空余地，这样的教学设计才能脱去僵硬的外衣显露出生机。"[①]在课堂教学中，教学预设是必要的，因为教学是一个有目的、有计划的活动，轻视预设的生成教学是随意的、盲目的生成，无法产生良好的教学效果；但教学活动也不是可以用既定的程序、规则、步骤进行的一项活动，因此预设不能太过死板，必须是有活动空间的弹性预设，教师在进行教学设计时要充分地预料到每一种在

---

① 叶澜.让课堂焕发出生命活力：论中小学教学改革的深化 [J] .教育研究，1997（9）：3–8.

课堂上可能出现的情况，给师生之间的各种动态生成留出可以发挥的空间。尤其是在进行教学设计时，不能把整堂课都布置满，要留有一定的自由支配和自由发挥的机会给学生。预设过多、内容太满的课堂，教师往往会为了完成教学任务而赶时间，忽视学生在课堂上的表现和对问题的反应，使学生处在被动接受的状态。

因此，教师应该在教学设计上预设留出弹性空间，给学生思考、自主探索、自由讨论交流的机会，也给教师倾听学生、调整教学方法、提升教学质量的机会，使课堂真正成为有生命活力的教学舞台。

（一）建构路标式的教学目标

教学目标在教学活动中发挥着重要的作用，教学目标对教学具有导向、激励、评价及聚合等功能。在进行课堂预设的时候，教师的思想很容易被教学目标左右，从而影响他们的教学活动，最终课堂成了教师的独奏曲，忽略了学生的认知变化及情感需要。教师为了完成教案上面的任务，一整节课都在赶时间、赶内容、赶进度，占据了与学生沟通交流与技能互动的空间。教学目标是一定的，也是不定的，教学目标实际上就是一个教学的大方向。教学目标就像是海洋里的灯塔，或者天空中的北极星，对于位置来说是定的，可是它对于寻求者的具体地点又是不定的。因此，生成性理论下，"目标"的价值不在于定位，即规定学生必须到达某一点，而在于定向，即明确教学过程中师生行为的性质和方向。体育教学目标为体育教学方向提供了路标式的引导，不应是僵化的、狭隘的。生成性的教学目标所强调的是开放的、多样性的、多元化的、以学生为本的行为目标，以学生"健康第一"的指导思想，培养学生终身体育锻炼的概略性目标。这样的教学目标是动态变化的，体育教

15

师要根据教学的实际情况、学生的身体心理状态进行及时调整，只有这样才能让每一个学生都能在自己的能力范围内进行最优化的发展。所以，教学目标就是前进的方向，只要是向着教学目标去的，方向就没有错。

例如，体育与健康课程中的弯道跑技术是中长跑的基本技术之一。根据新课程标准以学生发展为中心，贯彻"健康第一"的指导思想，创新教学方法，设计更加新颖、吸引学生的教学场景，让学生在玩中学，在学中乐，在学中创，在创中学。某教师根据课程标准初步将课程目标设为"对弯道跑技术有初步了解，掌握弯道跑技术，并能发现直道跑与弯道跑的区别"。基于此，某教师让学生们以田径场弧地为场所，进行弯道体验跑游戏，同时给学生设置任务，通过观察学生及自身体验总结出弧形场地跑的特点。在经过体验活动之后，教师对学生进行启发式的提问："通过刚才的对比练习，我们的速度有什么变化呢？弯道跑有什么技术特点呢？"学生认真思考，积极地回答："弯道速度较直道速度慢""身体向内倾斜；摆臂幅度内侧小，外侧大；两脚蹬地，左脚内侧着地发力，右脚外侧蹬地发力"。除了这些发现，比较爱思考、细心的学生们还提出了大小弧形速度可能不一样的想法，也有人说了向心力的原理。这两个知识点本不是这节课的目标，但同学们却提出来了，说明本节课内容要超目标进行了。这样的生成结果让该教师果断有了一个想法：运用大小圆的弧形不同，让学生们体会向心力大小与速度、摆臂方向与蹬地方向，以及动作原理。这个生成资源的诞生，提升了原有的教学目标，让学生超额完成了课堂教学目标，教师超额完成了课堂教学任务。

由以上案例我们可以看出，该教师在突发的生成事件中，虽然没有按照原有的教学预设进行，却提升了预设的教学目标，根据生成的状况加上教师的灵活应对，还丰富了课堂内容。由此可知，课堂教学并不一定完全按照预设进行，还可以根据实际的课堂情况及时做出生成性调整，这样才能对弹性的预设目标进行完善和发展，提升课堂质量和效率。

由于学生的思想活跃，教师要把学生看作课堂中的主角，重视学生在课堂中的地位，在目标的设计及课堂的安排上更加重视学生的思维方式、学生认知形成过程的特点和所能接受的程度。具体情况具体分析，将大目标逐级分层。学生渐进性的发展特点和每个个体的差异性要求教学目标要有层次地逐渐深入。学生运动的发展规律是由简到繁、由易到难的，经历泛化、分化、自动化的过程。这更是要求教学目标分层次进行。由于学生的身体素质、运动能力、接受能力、性别等不同，在教学过程中要求无法一致，所以要因材施教，区别对待。因此，教学目标要做弹性化的预设，通过对学生深入全面的了解，尽可能地制订出各个层次的教学目标，让每一位学生达到适合自己的目标。

（二）整合内容，有效结合

长期的教学习惯"以纲为纲，以本为本"，被认为是教学的准则和规范。各科的教学大纲在各科教师手里成了教学设计的"圣经"，教师以大纲为准，学生跟着教师走，教和学都失去了创新、创造的能力，课堂失去了应有的生命力。

由于新课程改革的理念不断深入，教师改变了原来的教学观念，不再一味地教教材，学会了灵活地运用教材。教材不再是教学的唯一标准，不再是教和学的起点和终点，而是教和学的基础，是教的参考、学的起点，是教学过程的骨架，更多更充实的内容等待着教师和学生共同创造和填补。教材更像是射线的端点，只有开始没有尽头，在教和学的这条路上没有尽头。教材的内容可以一成不变，但不同的教师对教材内容的理解不同，整合教学内容的出发点、角度不一样，结果也不尽相同。教师根据学生的实际接受能力、兴趣点的不同创造性地使用教材，对教材重组，进行板块设计。

例如，弯道跑技术是中长跑的基础，不仅在水平四中出现，水平三也曾接触过，水平五还要继续学习，只是每个阶段的学习侧重点不一样。水平四的学生已经初步具备快速奔跑的能力，身体素质较水平三的学生好，学习能力强，具有积极参与体育活动的意识和团结协作的精神，集体荣誉感和竞争意识强。因此，本课教学的主要目标是让学生了解跑的基础知识，掌握跑的基本方法，发展快速能力和有氧耐力，培养坚强意志，体验跑的乐趣。体育学科不同于其他学科的教学，具有重复性，因为不同的年龄阶段所适合的体育项目难度有所不同，所以体育教师要具备根据实际情况对教材进行重组、设计适合当前板块教与学的水平的能力。

教材重组对教师的要求很高，教师必须对教材、各水平阶段学生的身体心理素质特征和各水平阶段教材要求达到的目标都十分了解，再根据所掌握的实际情况进行整合，才能制订出最适合现阶段教学的课程设计。在课程设计的基础上，教师还要时刻关注课堂的生成，教案内的空间往往不够整堂课的发生，生成就成了重组的新鲜血液，也是板块设计的一大线索。这就考验到教师扎实的基本功，应对课堂上出现的生成资源，不仅要及时地把握，还要对课堂有一定的把控能力，根据生成将教材内容、课堂预设的教学方向一点一滴地融合在一起，灵活地解读教材，到生成中去运用教材。

（三）有备无患，灵活多变

教学过程的不确定性，决定了教学目标的不确定性，教学目标的不确定性影响教学方法的选择多样性，教学目标、教学内容不同，教学方法的选择也不相同，因此要根据实际的教学环境在众多的教学方法中选择一种最适合的教学方法。教学方法的选择和运用是生成性教学的基础和载体，而教学中的生成是教学方法选择和运用的主要素材和依据。如果没有教学过程中的不断生成，就没有教学方法的不断更新，教师就会失去创造的素材和动力，以及对教学的热情，教学的过程也会失去应有的生命活力。没有了生命力，教学就变成机械的、程序的活动。教学过程中的不断生成和生成的特征也要求教学方法要不断地进行选择，只有在不断生成、不断改变教学方法的情况下，才能保证有效的教学。那么，如何能在变化莫测的课堂上选择出最恰当的教学方法呢？这还需要教师能够根据实际教学情况的发展，不拘泥于课前教案上预设的教学方法，做出适当的选择。

既然要选择，肯定不是一种方法，应准备足够的方法作为备用，当实际的发展超出原有预设时能够灵活应变，并且能够在课后对课堂上的没能及时生成的资源进行总结，思考教学过程中生成资源的运用是否得当，哪些方法可以继续作为预设的资源参考，哪些生成资源的利用不到位需要改进，哪些生成资源的利用收效甚微，价值或者意义不大的，下次选择教学方法的时候需要避免，等等，都是需要教师积累的教学经验。

如果在紧急的课堂上没有立刻在预设中找到适合的教学方法，就要以功能近似的其他方法作为替补。已有的教学方法，不可能适用于所有生成，更不可能解决教学中的所有问题。而且，所谓"教学"本就是"教"和"学"两件事情的组合，有教才有学，有学才有教，"教"和"学"本就是共生的，且教师教的方法与学生学的方法又是共生的，教的方法在某种程度上决定了学的方法，教师用讲授法进行教学，学生就只能用理解和记忆的方法；教师用讨论的方法，学生就可以参与讨论。

学生学的方法层出不穷，要求教师能够灵活地选择相匹配的教的方法。师生之间的各种交流互动，彼此适应的过程，就是教学方法的选择与生成的过程。此外，课堂上生成性的实际存在，也要求教学活动的实施要不断突破预设计划的局限，走向更广阔的生成空间。教学因有了生成才有了更多的选择；也因有了选择而有了更多的生成，这就需要教师不仅要有更多方法作为备选，还要灵活多变地应对。只有这样，课堂才会在不断的选择与生成中更加精彩，绽放出课堂本身应有的魅力和光彩。

三、实现初中体育生成性教学的策略

（一）在体育课程的特征中生成

体育与健康课程的主要特征就是在户外进行，且以身体练习为主，以学习体育与健康知识、技能和方法为主要内容，以增进健康、培养终身体育锻炼意识和能力为目标。这门课程主要培养学生掌握基础的体育与健康知识技能和方法，养成体育锻炼习惯，为终身体育打基础。所以，应当安排一些较为简单而且有吸引力的运动项目，在这基础上培养

学生的体育兴趣，如滚铁环、跳绳等趣味性的项目可以多进行。而实践性和健身性的特点要求提高学生的体育与健康实践能力、体能与运动技能，促进健康成长。这就要求教师在实际的体育与健康课程中要多把机会留给学生，提升他们的实践能力，在实践的同时提升运动技能，以增进健康。综合两个特性，在实际的教学中增加学生实践的机会，将动作练习与强度负荷相结合，既锻炼了学生的实践能力，也提高了学生的技术技能水平。

比如，某教师在一节羽毛球的课程学习中，为了培养学生的兴趣，课前的热身活动就设计为：队伍站整齐后，以球拍为标志物，等距离一字摆开，摆成四组，依次落地在球拍之间，变换脚步动作。让大家进行热身活动，学生果然兴趣满满。然后，每位同学徒手复习上节课的动作，教师以手势为信号，指挥动作的方向和种类。这样不仅提高了效率，还增加了练习密度，有助于技术的形成。

（二）在初中生的年龄特征中生成

初中生心理发育尚不成熟，身体发育不够完全却也拥有一定的运动能力，好奇心强，对一切事物都充满了兴趣，又有意志力去追求兴趣爱好是他们最大的年龄特征。初中阶段是速度、协调性、灵敏性、一般耐力形成的重要时期。由于初中生的心理特征，在课堂教学过程中，更容易出现令教师们始料未及的生成点。教师可以诱发出学生内心深处对自由的渴望，对运动的热爱，让体育的魅力在他们的心中播下希望的种子。通过体育教学一次次的生成，向这希望的种子浇水施肥，不断强化技能，必定会成为一个"枝繁叶茂"的体育人，也会为学生形成终身体育意识打下深厚的基础。从已有的文献资料得知，初中阶段的男生和女生都会有早发育的情况，时间上大约是 1~2 年。早发育，即已发育年龄大于实际生活年龄 1~2 年，发育情况不一样，运动能力自然也不一样，如果用同样的运动要求对待他们，实在是不科学的。初中阶段是男女生发育体能的敏感期，主要是上肢力量和下肢爆发力。在了解这些心理特征和身体发育特征的同时，融入生成性教学的理念，从心理上更容易让学生们接受，从身体上也可以更好地发展他们的身体素质。这个时间段的女生与男生相比发育较早，很多女生基本的肌肉能力都比男生要好。

例如，在一次课程最后的自由活动时间，学生们在交换各自周末参加活动的趣事，其中一个学生说他周末跟爷爷奶奶一起过的，因为父母去参加了公司的素质拓展。很多学生还不知道什么是素质拓展，知道的同学就毫不吝啬地讲了起来，之后又讨论了起来。这给了该教师一个灵感，对呀，素质拓展也有体育的精神，很多的素质拓展项目都是体育项目，为什么不把素质拓展的一些活动简化修改，搬到课堂上来呢？于是，该教师就查阅了一些资料，发现素质拓展的很多项目都是用游戏的方式进行的，这可以作为项目的趣味练习，还有的跟趣味运动会很相似，如鸡毛毽、用脚后跟踢足球、用网球拍打羽毛球、用乒乓球拍打网球、同舟共济等。

所以，体育课堂教学中生成性资源的开发与利用应该尽可能地结合学校现有办学条件，利用本土资源就地取材，不舍近求远，不浪费时间。利用教师丰富的教学经验，选用学生熟悉的资源，与他们的生活结合在一起，在现实的课堂教学中真实地生成，从而得到更好的教学效果。

（三）在体育学习的环境特征中生成

学习是一个漫长而复杂的过程。雅典著名的政治家梭伦说过一句话："我愈老愈学到了很多的东西。"所以，学习是一个漫长的过程，需要持续一生。学习环境由很多变量构成，包括学习的主要作用对象——学生，实施对象——教师，实施工具——场地、器材，以及维护整个环境的领导阶层的态度等。众多的因素又有着各自的变量关系，如学生的曾受教育过程、已掌握知识、个人接受能力、对自己期望达到的目标都是影响变量的因素。而教师的教育教学思想观念、教学方法、个人教育能力、道德水平等也影响着教师这个变量。不同的场地、器材所能呈现的教学效果也有所不同，当然是好的场地、器材更加有助于教学的实施和学习的进行；反之，也直接影响着教学的结果。一个好的学习环境少不了领导阶层的支持和重视，领导阶层的态度影响着整个环境的进步与发展。所以，这是一个复杂的过程。

尽管如此，却也为生成开辟了长久而又丰富的道路。正因为学习的漫长，生成这条路才能够长久；体育锻炼不是一朝一夕的事情，需要坚持；技能更是需要不断地反复练习，才能形成；终身体育的运动习惯和能力也需要在这样的持续条件下才能养成。复杂的学习环境无疑为生成创造了更多的机会，在学习的路上有了生成的陪伴，才能创造和革新，新的内容也在生成中产生，就这样在生成和学习的过程中不断有新型的知识出现，以丰富学生的经验。

四、后期评价策略

评价是对实践活动的诊断，但更多的是对实践活动进行价值分析和价值判断的过程。所以，学校体育教学评价本质是对学校体育中教师的教学和学生的学习做出价值分析和价值判断的过程。评价主体和评价客体是体育教学评价活动中的主要参与者，是体育教学评价系统的组成要素。薛明对评价主体进行了相关界定，并指出一个良好的体育教学评价体系必须建立在广泛的支持和参与之上，即实现评价主体的多元化，并强调学生在评价活动中的主体地位。佟铸等认为，评价主体既包括学校、教师和学生等，也包括各级教育管理部门、社会组织，客体则包括体育教学过程中的各要素，如教学质量和结果，学生在技能、知识、智力等方面的发展，以及情感、态度、意志非认知因素的发展等诸多方面。因此，将评价主体作为主要的评价内容。如果教学主体是学生，那么评价的主体也应关注学生，建立促进学生全面发展的评价体系。

（一）从学生角度来看的评价

在新课程改革背景下，我们要以学生发展为主体，用动态生成的新观念看待学生发展，把教学活动开展中初中生表现出来的情绪波动、有感而发等种种状态都看作可以生成的重要资源加以开发和利用，从而丰富我们的课堂，促进学生全面发展。学生是生成的主体，也是生成的最终受益者，只有当事人的感受才是最有价值的评价。以往总是对学生的体能、知识与技能、情感与价值、态度与参与等进行评价，却很少把学生当作被采访的对象，去让他们自己表明态度。难道以学生为主体就是对学生进行各种实验性测试，然后根据测试的并不一定完全真实的结果去评价吗？人跟动物的根本区别是什么？区别是人有思想，会思考。也许对动物进行一系列的实验，无论是药物的还是物理的，得出的结论都是最接近事实的，但是对于教学的对象，拥有独立思考能力、可以主动创造、可以自主开发、有着七情六欲、具有活跃思维的人未必有效。

1. 对学生情感、态度与价值观的评价

教学评价不仅仅要对学生学业成绩进行评价，还要通过一系列的方法和手段发展学生、开发学生还没有展现出来的能力。让学生清楚明白地知道自己想要什么，需要什么样的能力、知识与技能才能成为自己想成为的模样，帮助他们在学习的过程中更加全面地认识自我，从而建构自己。教师要充分发挥体育教学评价的功能，促进学生在原有的水平上全面发展。既然以学生为主体，就应当让学生来做自我评价，体能也好，知识与技能、情感意志的表现也好，对体育课堂的满意度或者对教师教学过程、方法做出最直接的评价，这样才是真正的以人为本、以生为重。

2. 对学生自主性认知的评价

让学生在自主的条件下，根据自己的需要支配自己的活动，控制自己的意识和能力，不断地对自我的认识和自我实现进行完善。自主性是人的一个重要特性，是创造性发挥的前提和基础。教学评价可以促进学生自主性的发展，应该是一个充满人文关怀、相互尊重、换位思考、理解至上的过程。为了学生能够全面地认识自己，需要他人评价和自我评价结合，使学生能根据评价结果进行主动的自我反馈、自我总结、自我调节、自我完善。学生应不断地提高自我评价的意识与自我评价的能力，并且能够在自我评价中找到自我存在的意义，意识到自我价值实现的重要性，从而实现学生的自主发展。

（二）从教师角度来看的评价

在评价主体中，除了学生的多元化评价以外，教师的评价也同样重要。教学包含教师与学生两个面，那么教学的评价也应是由教师与学生构成的两个面，只有学生的评价是片面的。只有施者与受者的双重评价，才是对整个过程和结果最有效的评价。教师的评价类型大致可分为定性评价与定量评价相结合、总结性评价与形成性评价相结合、绝对性评价与相对性评价相结合三种。

1. 定性评价与定量评价相结合

定性评价在教育评价中往往是根据评价对象的实际表现和课堂中的状态，对其直接做出定性的评价判断。比如，根据课堂上学生的具体表现做出夸赞或者批评，或者对其成绩评出等级。由于定性评价是评价者根据亲身的经历、体验，通过对评价对象的观察，分析并做出评价的，所以更加倾向于学生在"质"的方面的表现，比较重视学生的教育结果是否与教学目标一致，关注学生的优缺点，并对学生做出"质"的总结，是一种具有实质性内容的评价机制。所以，这种评价能够广泛地对教育目标和学习结果进行关注，强调现场和专业评价。

定量评价注重数量的计算，其更加客观、精确、简便。定量评价主要用于满足各种选拔和甄别，只能对体育教学中可测量的行为和能力发挥作用。可是，体育课堂教学中并不是哪里都可以用定量评价来处理的。如果太过依赖这种评价方式，则不能正确无误地反映评价结果。因此，要定性评价与定量评价相结合，这样才能把可量化的数据和结果，以及不可量化的品质与行为结合，做出最正确的评价。两者对学生的个性化发展和可测量性技术技能的发展都有着重要意义。

2. 总结性评价与形成性评价相结合

"形成性评价"与"总结性评价"这两个概念是斯克里文在其 1967

年所著的《评价方法论》中首先提出来的。

形成性评价主要是对体育教学方案、体育教学计划、体育教学过程与活动中存在的问题进行诊断，并对进行中的体育教学活动进行有效的反馈，从而提高实践中的体育教学活动质量的评价。总结性评价则是对体育教学活动完成后体育教学效果的判断。通常与做出关于受教育者和教育者个体的决策、做出教育资源分配的决策相联系。学校里学生们各种阶段的检测考试，如升级考试、毕业考试等，或者教师的考核、学校的鉴定等，都是总结性评价。

形成性评价能够帮助学生和教师把注意力集中在进一步提高所必需的内容的学习上。形成性评价通过一系列评定、研究、实施等复杂的过程来改进体育教学活动的质量。总结性评价的直接目的是做出体育教学效果的判断，区分优劣、划分等级或确定合格。总结性评价与体育教学效能核定有着紧密的联系，它为个体的决策、教育资源投资的顺序等提供了依据。

形成性评价是内部导向的，评价的结果主要供那些正在进行体育教学活动的教育工作者参考；总结性评价是外部导向的，评价的报告主要呈递给各级制定政策的管理人员，以作为他们制定政策或采取行政措施的依据。两者内外结合，共同促进体育教学的发展。形成性评价是在体育教学过程中进行的评价，及时地评价有助于学生技术形成的正确性；总结性评价主要对最终的结果进行评价，有助于让学生更加真实地认识自己的学习结果，主要在体育教学过程结束后进行。形成性评价和总结性评价在实际的体育教学实践中都有着不可磨灭的作用，两者都有各自的优势和区别，结合起来便可以相互弥补，共同为体育教学的评价增添完美的一笔。

3. 绝对性评价与相对性评价相结合

绝对性评价通常在被评价对象的集合之外，建立一个评价基准（通常是以教学大纲规定的教学目标为依据来制定这一基准），称之为客观标准。将评价对象跟基准进行比较，以判断集合中每一个个体的学习情况，来确定学生是否达到体育教学目标。根据评价的结果作为反馈，再作用于体育教学。绝对性评价根据它的特点可以直接鉴别各项体育教学目标的完成情况，这样有助于学生看到自己的实际掌握情况，因而可为改进教学指明方向。其缺点是，不易分辨出学生之间在学习方面的真实差异。

相对性评价的基准建立与绝对性评价不同，是在被评价对象集合中建立基准，然后把各个对象与基准进行比较，判断的是学生在集体中的实际掌握情况，所以相对性评价只能得出学生之间的实际掌握情况差异，便于比较个体学习成绩的优劣，这是其优点。不足之处是，基准会随群体的不同而变化，评价标准不能反映教学目标的要求，因而不能为改进教学提供依据。

绝对性评价与相对性评价相结合既可以对个体与教学目标的差异做出评价，从而促进体育教学活动的改进和发展；也可以对学生与学生之间的水平做出比较，促进他们相互学习，共同进步。

总而言之，体育是最适合生成的学科。体育课堂不缺乏教学资源，缺乏的是善于发现教学资源的眼睛。生成性资源瞬间产生，稍纵即逝，教师要善于判断，及时捕捉，处理得当，这极有可能成为突破教学难点的有效手段，成为生成课堂中的精彩亮点。然而，对那些价值不大、脱离教学轨道的虚假资源，教师也要善于分辨，果断处理。只有我们掌握了正确运用生成性资源的方法，不断地反思，不断地总结，使自己成为生成性资源真正的开发者和利用者，才能让课堂散发出无穷的魅力和勃勃的生机。

第二章 初中体育差异教学

第一节 体育差异教学的内涵及其理论基础

一、体育差异教学的内涵

由于受教育的程度及理解水平不一，每个人对于差异教学的理解不尽相同。例如，华国栋的《差异教学论》、汤姆林森的《多元能力课堂中的差异教学》、张福生的《差异教学及其实施途径》等著作将差异教学的重点放在关注学生的个别差异上，强调满足学生的不同学习需求，促使每个学生在原有基础上得到应有水平的提高与自身的最佳发挥。王大中在《体育分层教学模式的意义、设计与实施》一文中强调：要依据学生不同的兴趣习惯和身体条件，进行不同的分层次学习。依据学生自身的实际情况，制订出不同层次的教学内容与任务来满足不同学生的学习需求，以最大限度地提升学生的学习热情，推动学生体育知识与运动技能的习得。章耀才在《灵活多变的教学方法是实现体育教学效果最大化的保证》一文中指出，体育差异教学是指体育教师在体育课堂教学中，根据兴趣导向化及天赋差别的不同，所组织的人才培养教学活动。

依据上述学者的观点，笔者所理解的体育差异教学为：在对学生客观差异充分了解与全面掌握的前提下，依据学生个体的差异，选择适当的、有针对性的教学目标、教学内容、教学方法，并制订出难度适中的教学任务，采用多元的教学评价，充分挖掘学生体育学习的内在潜力，尽可能地让水平不一的学生都能认真学习，而且体育运动水平都能得到显著的提高与发展。

二、体育差异教学的理论基础

任何教学都是在一定教育教学理论指导下的行为，因此想要更深入地理解与掌握差异教学，就应对其理论基础进行细致的研究与学习。通过整理和归纳，笔者认为，体育差异教学的理论基础应该从以下三个方面进行分析。

（一）哲学层面

从哲学层面来看，体育差异教学是以"马克思关于人的发展"相关理论为前提的。体育差异教学倡导教学要做到面向全体学生，并对学生全面负责，强调教学既要为学生打好全面的基础，也要让每个学生的内在潜能在原有的基础上得到最大限度的发挥。同时，学生潜能的发展又会进一步促进其整体素质的提高。尽管差异教学强调教学要促进学生发展，但是并没有强调要求每个学生各方面都平均发展，更没有要求学生做到齐头并进的发展，而是强调在其各自基础上得到最大可能的发展。而学生先天素质及后天教育环境、条件等方面的不同，就决定了他们之间所存在的客观差异，因此他们的发展也应当是略有差异的发展。但要防止假借学生间的差异，人为地给学生分类、贴标签，给予学生不公正的待遇，导致他们的教育机会不均等。

从马克思主义的辩证唯物主义观点来看，每个学生都处在发展变化当中，从根本上来讲都是要求进步的。发展中的学生，每天都在发生变化，不是前进，就是后退。而教育的最终目的就是要促进学生的发展。由于教育是外部条件，必须通过内部条件才能发挥其作用。因此，差异教学试图从学生差异出发，剖析差异形成的原因，取长补短，促使学生养成良好的学习习惯和学习态度；同时，还要根据学生的进步情况，客观且公正地给予评价，激励学生积极学习，促进学生整体素质的提高。

差异教学提倡正视与尊重学生自身的差异，充分挖掘与发展每个学生的内在潜能，而且要重视集体作用，强调学生集体是由需要和兴趣各不相同，思想道德、能力各不相同的学生组成的统一体，强调学生间合作帮助，促进学生个体的社会化。良好的集体、奋发向上的氛围、同伴间互助友爱的精神，对每个学生个体而言都是巨大的教育力量。正如苏霍姆林斯基所说的那样："要使学校里人与人的接触成为对人成长最有利的条件，同时，又要培养每个人对集体、社会负责的能力——这就是个人与集体的和谐统一。"①在马克思关于人的发展学说中，"自由个性"的形成是人发展的最高成果。"自由个性"具有以下特征：完整的人（全面发展的人）、有主体的人（自主、自觉、自律的人）、有个性的人（独特的人）。

以上这些理论为体育差异教学的研究提供了有力的理论保障。要求体育教学面向全体学生，面向学生的全面发展，强调学生的主体参与意识，从学生个性差异的实际情况出发，正视、尊重、保护和重视学生的

---

① 袁锐锷.苏霍姆林斯基的教育思想 [J] .教育与进修，1984（5）：48-53.

个性特长，长善救失，以促进学生学有所成，最终达到全面发展。

（二）教育学层面

学校体育是构成教育必不可少的因素，因此教育学理论自然便成了体育差异教学的理论基础。当前我国正在大力倡导素质教育，体育差异教学在这个层面上符合素质教育的主要宗旨。素质教育要求面向每一个学生，提高每一个学生的基本素质，每一个学生都要学有所得、学有所成、健康成长；要求学校体育的教学目标、教学内容、考核标准必须顾及全体学生的实际，要求课外活动必须满足所有学生的需要。素质教育的这一特征，一方面要求学校体育应充分发挥其功能，全面提高学生的体育素质；另一方面，还要促进学生思想道德素质、文化科学素质和生活劳动素质的提高。在这些要求上，学校体育实施差异教学，不仅可关注到每一个学生，还可以针对每一个学生的实际情况，选择合理的教学方法，针对不同的学生设置不同的教学目标，使得学生都可以获得情绪的愉悦体验和身体的健康成长。

学生是学习的主体和发展的主体。体育差异教学尊重学生的人格，承认学生的个体差异，重视学生的个性发展。因此，体育差异教学是一种弘扬学生主体性的教育，又是一种个性化的教育。主体性是素质教育最根本的特征，是素质教育四大特征的核心。

（三）心理学层面

随着心理、生理医学研究的迅猛发展，人们发现，人不是一个简单的、孤立的、不受外界环境影响而进行特定新陈代谢过程的生物体，而是不断与身体环境和社会环境相互作用的实体。人类为了更好地适应周围环境，必须在其生活过程中不断地接受各种环境刺激，并有选择地、相应地做出各种生理、心理反应。也就是说，作为一个身心统一的人，其身体（生理）与精神（心理）如同一张纸的正反两面，是互为依存的。此外，人的生理健康与心理健康也是交互影响的。健康的心理寓于健康的身体，生理上的缺陷、疾病往往使人产生烦恼、焦躁、抑郁、灰心及绝望等不良情绪，影响其情感、意志及性格等，形成各种不正常的心理状态，进而影响其心理健康；而心理上长期、严重的不健康状态，如长期过度忧虑、烦闷、悲观或愤怒等，又会导致生理上的异常和疾病。因此，在谈到通过体育达到增强学生体质、提高健康水平的目的时，不可不谈及如何通过心理健康教育来解决学生的心理健康问题。如果不为学生打下良好的心理健康基础而去奢谈学生的身体健康，结果往往不尽如人意。

研究发现，有规律地组织适量的体育活动，不但能够促使青少年学生积极参与体育锻炼、增强体质，而且有利于切实提升其心理健康水平。体育差异教学实施的主要依据之一就是不同学生自身不同的心理特征。由于不同的学生对体育的学习态度、学习兴趣都是不同的，所以在教学过程中对学生心理培养的侧重点也应有所不同。

学校体育差异教学不仅能有效地区分不同学生的心理差异，而且对学生的心理健康也有着积极的作用。差异教学设置合理的教学内容，能有效地调节学生的身心矛盾；设置区别化的教学目标，能减轻学生的心理压力；肯定后进生的学习成效，能使他们表现出积极的心理状态；鼓励胆怯学生做难度大的动作，可消除其紧张情绪。同时，体育差异教学在培养学生的主体意识、健康意识、主动探索与勇于实践的精神，培养其形成良好的情绪、性格、坚毅的意志品质，以及充分发展学生的智力等方面都具有积极的意义。而体育差异教学的这些功能和目标，也正是学校体育教育的功能和目标所在。

第二节　体育差异教学的特征

在明确了体育差异教学的定义之后，有必要对体育差异教学的特征进行分析。笔者主要从教学形式的多维性、教学方法的多样性、教学内容的多层性，以及评价方式的多元性等四个方面进行论述。

一、教学形式的多维性

任何教学都表现出一定的形式，而教学形式规约着师生的活动，影响着教学策略的使用及教学的效率，因而是最能反映一种教学理论特征的重要内容之一。体育课差异教学具体形式的选择主要是根据学生特点，以及他们在学习过程中所体现出来的个体差异而进行的。它可以克服传统的个别教学和班级教学所带来的弊端，使教学形式多元化。例如，在班级教学的基础上，将小组教学、个别教学形式结合起来，创新地设计教学，使其在功能上发挥适应个别差异的作用。同时，针对不同能力、不同兴趣、不同性别的学生，还可以进行分层教学，这样既提高了教学效率，同时又提高了教学的针对性。在分组教学中，差异教学可在班级的框架内灵活地采用"同质分组"和"异质分组"两种形式，分组的标准可以是学生的准备水平、学习兴趣、学习风格、学习速度及性别等，同时结合课程内容的特点、学习任务的性质、学习环境的设计等综合因素进行考虑，实行弹性化的分组，教学形式可根据实际需要随时做出改变。因此，差异教学的教学形式可表现出极大的灵活性。

二、教学方法的多样性

差异教学中教学方法的选择往往是由教学内容、教学对象、教学环境共同决定的。差异教学的实施条件就是基于学生的个体差异，根据教学内容选择不同的教学方法。在差异教学中，由于学生的学习能力及学习内容的差异，教学方法往往会表现出极大的差异。例如，由于学生获取体育知识的方式不同，在学习某个技术动作的过程中，采用的直观形式主要有动作示范、教具和模型的演示、电影和电视录像，还可以采用镜面示范、侧面示范及正面示范的教学方法。在练习过程中，由于差异教学将学生分成不同的组别，他们在获取运动技能的过程中可以采用完整练习法、分解练习法、重复练习法、变换练习法、集中练习法、分段练习法、游戏练习法、比赛练习法等。还可以根据学生的差异对不同学习能力的学生进行分类教学，对不同基础的学生可采用不同的教学方法。总之，体育差异教学中教学方法的选择是随时可变的，也是多样化的。

三、教学内容的多层性

教学内容是教学活动赖以展开的核心因素，差异教学特别重视教学内容的选择和呈现方式，并在教学过程中关注学生自主选择的意识与能力的培养。同时，差异教学中教学内容的选择往往具有较强的针对性，尤其是在当前的体育教学环境下，国家大力倡导"健康第一"的教学理念，所有教学内容都是坚持这一主旨进行设置的。体育课差异教学内容的主要范式如图 2-1 所示。

图 2-1 体育差异教学的内容

从图 2-1 可以看出，体育差异教学内容主要分为基础性内容、综合性内容、扩充性内容、挑战性内容。基础性内容是体育学习的基本内容，也是学生在体育学习中所要达到的最低标准，主要适用于体育成绩较差的学生；综合性内容是指学生在完成基础性内容的基础上，适当增加难度内容，适用于成绩稍好的学生；所谓扩充性内容，主要是指成绩较好的学生对自身体育学习的要求较高，可适当选择难度较大的学习内容，如在学习跳远时，同时还学习要求较高的三级跳远；挑战性内容主要是针对体育特长生或者是运动员，他们所选择的都是希望达到国家标准或是超过国家标准的内容，难度通常较大。其中，学生可以根据自己的实际情况选择相应难度的学习内容，这样可以兼顾不同学生的学习需求。

四、评价方式的多元性

差异教学评价坚持"导优补差"的原则，侧重于发掘学生优势，给每个学生提供处于学生"最近发展区"且学生乐意接受的具有挑战意义的学习内容，进而引导学生构建优势学科的知识体系和学习方法策略，并将其有效迁移到体育学习中来。体育课差异教学坚持以"保底不封顶"的教育评价目标对学生实行多种形式、多种水平的评估，具体如图

2-2 所示。

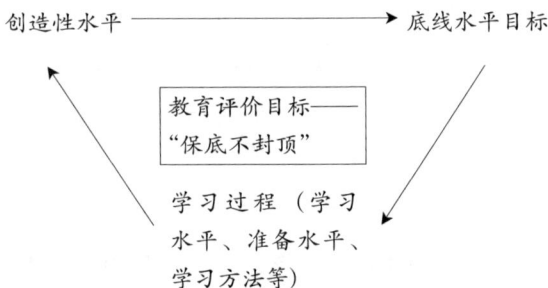

创造性水平 ⟶ 底线水平目标

教育评价目标——"保底不封顶"

学习过程（学习水平、准备水平、学习方法等）

图 2-2　差异化教育评价的范式

体育教学中的差异化评价是在承认学生差异、照顾学生差异的前提下进行的，评价方式是在教师评价的基础上，考虑学生自身评价；在终结性评价的基础上，关注学生的发展性评价。总之，差异教学评价尊重学生的差异，在实践中鼓励学生的差异发展。"保底不封顶"的评价宗旨真正反映了事物的特殊性和一般性的辩证统一的规律，反映了事物不确定性与可控性对立统一的哲学思想，同时也对差异教学的评价方式方法进行了扩大和丰富。

第三节　初中体育课程差异教学的策略选择

学生是有差异的，这种差异无时无刻不存在。教学不是为了消灭差异，也不可能消灭差异。世界上没有两片相同的树叶，人与人之间的差异是客现存在的，这种差异也是社会多样化的需要。教学应该在承认差异是一种需要的前提下，不断地寻找差异教学的实施策略，促使不同的学生在学习中得到不同程度的发展。笔者认为，以下教学策略能切实优化初中体育差异教学的效果及实际质量。

一、丰富课程资源，开阔思维视野

课程资源也称教学资源，是课程与教学信息的来源，或者指一切对课程和教学有用的物质和人力。根据已有课程资源的概念推及体育课程资源，是指体育课程设计过程中可以利用的人力、物力，以及各种资源的总和，包括体育教师、教材、教学方法、教学手段、场地、器材等有形的物质资源。无形的体育课程资源的范围更广，包括学校的传统体育风气、学生家庭体育爱好和氛围等。

丰富体育差异教学的课程资源可以从以下三个方面入手：

第一，重视师生思想资源的开发。体育差异教学应当充分调动教师和学生参与的热情，重视教师和学生思想资源的开发利用，使之形成正确、积极的工作和学习态度，并树立良好的价值取向，只有这样才可以使其从思想上树立体育差异教学的意识。

第二，开发体育差异教学中的知识资源。知识资源以各种形式存在，既有纸质载体，如体育教材、体育报纸杂志等，也有光盘、录音带等载体。这些资源的恰当运用既可增长学生的体育知识，又可以给他们提供宝贵的影像资料。

第三，广泛搜集体育教师的经验资源。体育教师的经验是起主导作用的经验资源，他们的经验会自觉或不自觉地进入体育教学活动中，支配着课程活动的过程。在体育差异教学中，将不同年龄、学历、执教年限的体育教师聚集在一起开展差异教学经验交流会，或者开展师生之间的经验交流，可避免体育差异教学中产生不必要的失误。

二、加强师资培训，提升教学理念

教师培训是转变教师教学观念、指导教师实施差异教学的一条重要途径。差异教学首先向体育教师的教育观念提出了挑战，要求体育教师克服原有的教学理念的弊端，充分领略差异教学的内涵，树立科学的教育观念。这其中，进行有效的体育培训可以促进教师差异教学观念的理解与内化，并为体育教师差异教学的开展奠定坚实的基础。

体育差异教学的教师培训内容应侧重于理论与实际的结合，具体实施策略包括以下四个方面：

首先，集中组织体育教师学习差异教学的基本理论、主要内涵，对教师进行理论考核，同时开展差异教学理论的学术沙龙，要求他们结合自身的体育教学实践，交流各自的看法和经验。这样不仅可以巩固体育教师的差异教学理论，还可以让其了解体育差异教学的最新研究成果及当前的运用情况等。

其次，教师在工作中要重视培养自己的观察能力。教师的观察能力在实施差异教学的过程中是很重要的，只有教师具备了很好的观察能力，才能在体育教学中观察到学生的不同差异，进而针对这些不同的差异进行有针对性的差异教学。教师要熟悉有关心理学和教育学的知识，只有不断地充实自己，才能通过观察掌握学生表面现象下的真实状况，才能使差异教学的实施更为真实、有效。

再次，对体育教师的培训应注重差异教学实践方面，提高可操作性，告知体育教师在差异教学实践中可能遇到的问题，让教师了解这一理论在实践中如何运用，什么样的教学行为可以恰当地体现这种观念，以及掌握差异教学形式的运用时机和运用条件。只有这样，才能真正有助于体育教师在体育教学中实现差异教学。

最后，教育主管部门要制定相关的政策支持差异教学，建立规范的教师培训制度。教育主管部门应该组织体育教师进行实地教研，到开展差异教学较好的地区进行交流学习，同时组织体育教师对自己的教学行为进行细致的分析，并及时对所存在的问题进行反思。

三、注重因材施教，倡导因人而异

差异是每一个人与生俱来和后天生理、心理发展逻辑的必然状态，是一种客观存在。如果教师在体育教学过程中用统一的教学内容和教学方法对待具有个体差异的学生，对所有学生提出同样高的要求，会造成有些学生获益，而另一些学生则可能遭受挫折或失败。因而，体育教师应承认学生在体质和运动能力方面的差异，尊重差异，正确对待差异，在教学过程中寻求适合每个学生的有效教育方式，使学生的个体能力得到充分发挥，进而实现体育教育公平。笔者认为，应该从以下五个方面关注学生的差异。

第一，创新体育课差异教学的路径，首先应该做到对学生全面了解，在全面调查的基础上掌握学生差异。

第二，差异教学要在明晰学生差异的基础上，合理制订不同类型学生的发展规划。例如，针对学习意志不坚定的学生，体育教师应为他们创造成功的机会，结合其最近发展区，设计难易适度的任务，让他们经过努力能实现目标，体验成功的快乐，磨炼意志；而针对学习习惯不良的学生，体育教师则要讲清要求，让学生学会学习，善于与他人合作，规范其体育学习行为。

第三，在体育教学的各个环节渗透差异教学。制订灵活的体育教学目标，体育教学目标应体现差异，应考虑到不同层次学生的要求，力争为不同层次的学生制订不同的学习目标，使学习任务有所区别。这样，学生才能选择适合自己的学习目标，才能选择力所能及的学习任务，进而让每个学生都有事可做，每堂课都能看到自己的进步。

第四，在展示交流中实现差异发展。展示交流是课堂教学"五步导学法"（明确目标、预习导学、展示交流、合作探究、达标拓展五个步骤）的主要环节之一。展示就是各学习小组根据学习内容和学习任务，将自主学习或合作学习的成果、结论、感想、答案，通过分析、讲解、演示等多种方式呈现在小组或全班学生面前。在展示交流的教学环节中，体育教师应想办法让不愿展示的学生学会积极展示自我，让他们展示相对简单的技术动作，给他们创造成功的机会，鼓励他们大胆发言，逐步增强其自信心。

第五，采取多元的体育教学评价。在体育教学过程中，有的学生可能因有运动天赋而体育学习成绩好，在体育学习中的优点和长处明显一些，而有的学生则恰恰相反。这是个体差异的反映，是个体差异的必然结果。体育教师在对学生进行学习评价时，应正确对待学生之间的个体差异。现代素质教育理念提倡重视学习主体存在的客观差异，促使学生在原有基础（知识、技能和方法）上都能得到提升，关注学生在完成目标过程中的努力程度。这就要求体育教师在评价中要给予不同的学生不同的合理评价，以充分体现教育评价的公平性。

四、创新教学形式，满足不同需求

在开展初中体育课差异教学过程中，要通过差异教学制订相关教学策略，并将学生体育方面的特长与教学实际相结合，这样才能保证学生体育素质全面发展。

体育教师在教学过程中必须掌握和使用不同的组织形式。不同的教学形式对学生的教学效果会产生不同的影响，所以选择适当的教学组织形式分外重要。在体育课差异教学实施的过程中，学生的不同差异情况是体育教师首先需要考虑的问题。教师要灵活选用集体教学、小组教学或个别教学，让学生进行同质分层或异质合作。但是，教师在体育教学中应用差异教学理念进行分组时，也要注意对学生自尊心和自信心的保护。其次，体育教师在教学实践过程中进行分组时最好采取弹性分组的策略，可以根据具体情况进行调整。因为只有在弹性、动态的分组合作中，不同学生的优势才能够得到充分发挥，他们才会感觉到被接纳、被尊重，从而享有巨大的成就感，进而实现良好个性与健全人格的形成和培养。此外，在个别分组中，教师还可适当扩大"个别"的概念，对成绩相当的一个群体进行单独教学，或者是对总成绩相当的不同学生进行混合分组，提高体育"后进生"的归属感。最后，体育差异教学的终极目标就是让每一个学生都得到发展，因此在差异教学中可以对分层、分组、专项、个别等教学形式进行混合编排。分层教学中，可以穿插分组的形式，专项教学可以和个别指导进行有机融合，这样就可以在优势相长的同时显著提高初中体育教学的效率与质量。

体育教学的重要目的是促进学生的全面发展。只有立足差异，优化体育教学，才能进一步提升初中体育的教学效率。这就要求教师必须了解学生的客观差异，制订具有针对性的体育教学目标，科学合理地设计具有差异性的策略方法，以满足不同学生的体育学习需求。在这个过程中，体育教师更要积极与学生沟通交流，努力探索新的教学方法，培养学生的体育爱好，锻炼学生的体魄，发展学生的特长，进而促进其综合素质提升。

第三章　初中体育多元化教学模式研究

第一节　我国初中体育教学模式的研究现状

一、国家针对体育与健康课程教学的相关政策法规

如今，我国的素质教育正在不断发展，作为教育领域不可或缺的学校体育教学改革，也如火如荼地进行着。21世纪初，我国颁布了《义务教育体育与健康课程标准》（2011年版），这本课程的编排是在传统的体育课程上进行的反思与总结，整理了30多年的体育教学经验。在课程的基本理念、内容标准、课程目标、性质、评价等方面，做了很大的调整。

二、我国现有的部分初中学校体育教学模式的分类

近年来，随着体育教学研究的逐步发展，在各国的体育教学实践中，体育教学模式已经形成了较为成熟、具有一定的可行性，且具有崭新意义的各种模式。由于体育教学指导思想与体育教学目的、目标和条件的侧重不同，导致体育教学模式呈现出多样化的特点。体育教学模式

是个整体，无关教学过程中各个因素的变化，它是为总的教学目标服务的。体育教学活动的本质特征是"运动技术的学和练"，并将它作为体育教学模式分类的依据。

运动技能类教学模式主要包括传统运动技能教学模式、启发式体育教学模式、领会式教学模式、选择式教学模式、成功体育教学模式和小群体教学模式；非运动技能类教学模式是在运动技能要求较低的情况下初步尝试与体验运动情感，主要有快乐体育教学模式、体育锻炼教学模式、情景式教学模式。

运动技能类中传统运动技能教学模式的主要依据是运动技能的形成规律，分为泛化、分化、巩固与自动化四个阶段，最关键的因素是不断地强化练习，以熟能生巧。此类模式主要是让学生在探索中寻找答案，产生学习的动力，有利于运动技能的学习与掌握，从而产生"有意义学习"，然后再进行常规的技能学习，使学生充分认识到学习的意义所在，领会并提高学习的效率，帮助学习相对困难的学生建立学习运动技能的自信心与积极性。这是由于学生是具有差异的个体，而我们的教学宗旨是针对每一个学生，特别是对弱势群体更要给予特别的关心与照顾。但是在具体的教学中，体育教师往往忽视了部分学习相对困难的学生。因此，成功体育教学模式就是鼓励并发挥运动技能较好学生的优势，考虑运动技能掌握较差的学生，让他们互帮互助，共同成功地学会运动技能。该教学模式主要利用学生在学练过程中相互比较、相互展示、相互竞争的特性。

在分层次教学的基础上，非运动技能类的快乐体育教学模式主要侧重于学生的运动情感体验，该模式的主要目的并不是学习运动技术，而是运用一些简单的运动技术进行锻炼与娱乐活动，让学生充分体验到运动的乐趣。体育锻炼类教学模式是常见的以身体锻炼为主的传统体育教学模式，主要用于发展学生的身体素质。这并不是说体育与健康课程全部的活动就是身体素质练习，而是在一定的情况下每节课都有的练习，时间控制在 10 分钟左右。这种教学模式的主要目的也不是学习运动技术，而是锻炼身体，发展学生的身体素质。情景化教学模式主要运用于小学水平一和水平二，以学生的形象思维为主导。这个阶段的学生有模仿成年人的习惯，体育教师要注重设置一些结合实际的故事，或者结合当时的热门话题来创造学生比较容易被吸引住的各种因素，进行体育基本活动能力的练习，使学生在故事情节中愉快地参加体育活动，提高学生最基本的身体活动技能，为进一步学习较大难度的运动技术打下较好的基础。只有创设使学生主动学习的情景，构建学生主动学习的教学模式，才能实现学生主动学习、自主学习的目的。因此，在体育教学中，应根据具体的教学内容来确定是否合适运用此教学模式，运动技术较强的教学内容是否适合。在教学过程中，只有遵循这样的基础，体育教师才可以让学生参与学习过程并付诸实践。

三、新课程标准下初中体育与健康教学模式发展趋势

在新课改的当下，体育教学模式也是其中的一个"小枝头"，必须要按照可改的教育新理念来执行。按照健康第一的指导思想，启发式的教学措施贯穿在整个体育教学模式的执行当中，为教学实践打下坚固的基础。新理念下学校体育教学模式的发展趋势有以下两个方面：第一，指导思想上以新的课程理念为主。新的理念能够充分展示课改的要求，以健康第一为重点，以基本理念为重点，以学生的发展为中心，把一个中心两个基本点牢牢地把握住，也就是新的课改理念的灵魂。第二，教学目标由单一性向综合方向发展。我国经济不断发展，人民的思想在逐渐进步，对待教育的认识也产生了很大的改变，理念更新，思想迸发。在新的理念下，体育教学模式也在不断地发展、丰富和完善，投入实践中去，并且多样化地出现在当今的体育教学过程中。对体育与健康课程教学模式的研究，将会进一步带动体育与健康课程教学理论体系的整体改革与发展，促进中国特色体育与健康课程教学新局面的形成。

四、体育与健康课程教学模式先前研究的不足

目前，大批学者对体育教学模式的理论与实践研究令人目不暇接，但还存在许多问题，主要包括以下四点：第一，体育教学模式的定义统一性不足。虽然社会上对体育教学模式的定义各持意见，但都大同小异。不过，有关体育教学模式的概念统一规范认识还是比较重要的。在这个问题上，需要有一个统一的说明，同时也必须有一个统一的认识才能进行下一步改革。第二，体育教学模式其他理论方面的研究不够深化。体育教学方法和体育教学模式相互混淆现象严重；体育教学模式的分类体系的科学性有待加强，不同年龄阶段的不同体育教学模式研究比较缺乏。第三，体育教学模式的种类研究有很多种说法，对其专业性有很多质疑。第四，有关体育教学模式的选择比较的说明不多。新时期，体育教学模式的繁荣景象令工作在学校一线的体育教师开始

迷茫，大家各抒己见、互不相让。这可能导致体育教学杂乱无章，直接影响学校体育工作的进程。现在已有一些学者和实践者开始注重和反思这方面的研究。

21 世纪以来，特别是新课程的提出及国家各界对学校体育的重视，让越来越多的人发觉体育对人类健康的重要意义。笔者认为，中小学阶段作为人生中重要的阶段，在技能学习、锻炼习惯的养成、健康心理的形成，以及终身体育的培养等方面都具有重要意义。而中小学体育的改革将直接关系到我国学校体育的整体发展，对体育教学模式的选择和适用范围的界定更具有现实意义。

第二节　新课程背景下初中体育与健康课程教学模式的选择策略

对于不同的体育教师来说，能够选择合适的模式进行教学，并能在此基础上进行应用创新，探索出一整套既适合学生的自身特点，又和教学内容密切衔接的体育教学模式是十分重要的。例如，在进行立定跳远教学时，教师可以通过展示挂图等让学生了解动作要领后再进行示范，让学生完全理解立定跳远的动作后再进行考核。面对当前的初中体育教学内容、教学任务、教学目标，怎样才能解决教学模式的选取与正常教学秩序不冲突，且能有效地融合，需要我们重点关注。

一、根据教育教学指导思想选择教学模式

在选择体育教学模式时，应以体育教育学科的总目标和单元课的具体目标为依据，根据学生的体育学习能力、体育基础、身心特点、年龄特点等具体问题具体分析，选择适合的教学模式或模式的组合。根据学生的爱好和兴趣，选择能够激发学生学习的主动性和创造性的模式，或者是为了能够让学生在单调的运动技能学习中体验到乐趣，选择合适的模式或模式组合等。例如，不同体育教学模式的指导思想对进行体育教学模式选择的导航性。技能教学模式主要是以体育课程目标的基本技术、技能为重点，按照初中生的认知规律和动作技能自动化形成规律，在完成教学任务方面能够做到有效、及时。体能锻炼教学模式是以锻炼、发展初中生机能各方面身体素质为前提，按照初中生心理及生理变化规律，将训练与休息相结合，把整个教学模式设计为"准备—负荷—调整—负荷—休息"，以发展初中阶段学生基本身体素质为教学任务。快乐体育教学模式是针对当下初中生的厌学和叛逆心理状况，为了培养学生热爱体育的兴趣、适应终身体育的思想而提出的。成功的教学模式就是无论学生在体育课上实际的能力和学习水平如何，只要学生有一点点或者某一方面的进步或成功，教师就应该及时地反馈给学生，并予以鼓励。只有完整地、细致地评价学生成功的点点滴滴，才能真正做到让每一个学生体验成功的教学模式带来的福利。

二、根据教学对象的特点选择教学模式

由于各个阶段学生的身心发展水平和特点存在一定的差异，所以体

育教学更要遵循因材施教的原则。这一阶段，学生的认知结构中兴趣因素比较活跃，开始对各种体育运动产生浓厚的兴趣，是学习运动技术的关键期。所以，教师在运动技能教学中尽量多地选用启发性的教学模式，或多种模式相互结合。体育教学模式注重学生的体育基础知识、体育基本能力的提高，以及体育锻炼习惯的培养。针对教学对象的不同差异，只能在教学组织形式上找到一定的突破，其教学模式的选择是对学校体育课程进行改革，以更好地适应教学对象。比如，初中一年级开设基础课，初中二、三年级有选择地开设专项选修课。由于中考体育的存在，初中三年级在开设选修课的基础上重点采用训练式的教学模式。这样的教学内容变化更有利于教学模式的选择，更能有效发挥学生的个性，以此迎合新课程标准，利于统一规划。目前，由于这种教学模式改革在初中阶段不容易实施，所以要拿出切实的方案计划来实现校本课程的初步建立。

三、根据不同的教学内容选择教学模式

针对各年级的初中生，所制订的各学期教学计划是各不相同的。教学内容基本是按照教科书的编写顺序而制订的，但是纵向的技术、体能掌握是逐渐递增的。教学内容的变换也同样是教学模式选择的重点之一，在选择教学模式之前，要全面、深入地理解教学内容。新课程标准把体育教学内容分为介绍型和详细型。介绍型的教学内容所隐含的思想是"了解项目、培养兴趣、促进身心健康"，应以体能训练类教学模式和情感教学模式为主，发展学生的身体素质，通过成功的和快乐的学习愉悦身心，并体验成功的乐趣。对统一的教学内容，如足球停球，初一

阶段的脚内侧停地滚球与初三再进行的脚内侧停球就有很大区别，初一阶段完全可以减小力度，以快乐、成功体验两种教学模式为学生的兴趣生成建立基础。详细型隐含的思想是"身心健康、学习多项运动技术、掌握运动技术、培养终身体育的意识"，在选择教学模式上要将运动技能和启发式教学模式相结合。随着年龄的增长及与足球接触的时间增多，慢慢地，到初三就以技术和兴趣启发的生成教学模式来完成停地滚或者高球、反弹球等，使学生在运动前发现运动技术隐含的乐趣，发现其学习的意义，从而调动学生学习的积极性和主动性，使学生进入最佳的学习状态。

四、根据教师自身的能力选择教学模式

依据教师的自身实际能力甄选体育教学模式，无论选择和应用哪种体育教学模式，都离不开整个教学过程的主导者——体育教师。所以，教师在选择教学模式时尤其要重点考虑本人的特点，如自己的知识层面、教育背景、技能水平、教学擅长等，运用体育教学模式时要扬长避短。如果教师本人较注重感情，那就选择"成功情感体验体育教学模式"或者"快乐体育教学模式"；如果本人技能水平较高、示范能力卓越，那么就选择范例类；如果本人知识面广，可以选择"发现式教学模式"或"启发式教学模式"。另外，教师要应用新课程教学理论，提高教学水平，研讨学习各种教学模式的选择应用，进而熟练地掌握技巧。

第四章　小组合作学习在初中体育教学中的应用

第一节　小组合作学习的含义及其在体育教学中应用的价值

一、小组合作学习的含义

（一）小组合作学习

小组合作学习即小组合作，是形成一种"以异质小组为主、同质小组为辅"的合作形式，旨在促进不同程度学生在小组内自主合作、探究学习，共同实现学习目标，并以小组总成绩为激励依据，全面促进学生知识、能力、情感、态度、个性和谐发展。

（二）体育教学中的小组合作学习

体育教学小组合作学习作为小组合作学习的下位概念，主要是指在体育教学活动中，为了完成既定目标，根据学生个人技能、体能的不同，或者依据不同的教学目标、教学内容、学习兴趣、个人需求将学生分为"异质"小组与"同质"小组，以充分调动学生参与体育教学活动的积极性和主动性，并最终实现教学目的的一种体育教学方式。

二、小组合作学习的特征

（一）以异质小组为基本形式

"贤圣殊品，优劣异质"，异质是指不同的资质。以异质小组为基本形式是小组合作学习最有代表性的典型特征之一，目的是促进学生之间的合作学习，激发组内成员学习的兴趣。它改变了传统的班级教学结构。所谓异质小组，其实就是"组内异质，组间同质"，"组内异质"是依据学生的知识基础、学习能力、性格特点、兴趣爱好、性别等方面的不同，对学生进行分组，让不同资质和不同层次的学生进行优化组合。

由于合作小组内成员不同观点的碰撞、交流和整合，使学生在合作学习的过程中能够学会从不同的角度去分析问题、解决问题，对于小组内成员协作学习提高、不同优势的发挥、自信的增强和成就感的激发都有着积极的促进作用。由于每个小组都是异质的，各个小组总体水平基本一致，这样就使得全班各小组之间产生了同质性，即"组间同质"。"组间同质"有利于开展公平竞争，营造和谐而又不失紧张的学习氛围。它具有小组之间的竞争性与激励性等基本属性，既为小组内同学间的互助提高提供了客观的条件，又为激发小组间的集体荣誉意识提供平台。但不是所有的体育教学都适合用"异质"进行分组，很多时候还要考虑到学生的需求，需要通过"同质"分组的形式来解决教学实际问题。具体适用什么样的分组，这就要求体育教师在实际教学中根据学情科学选择。

（二）以小组的明确目标为标准

"让学生在教师的指导下，通过感知、体验、实践、参与和合作等方式，实现任务目标，感受成功"，这是《义务教育体育与健康课程标准》（2011 年版）里提出的具体要求。为了让学生在实施合作学习的过程中能够有的放矢，体育教师应该在学生开展小组合作学习前，清晰明确地告诉学生要做什么，怎么做，最终要达到怎样的结果，必须立足于明确的目标达成而进行合作。以明确的目标导向作为标准，有利于培养学生的多向思维、求异精神和创新意识；有利于调动全体学生的主动性和积极性；有助于确立初中生的主体地位，发挥学生的主体精神和协作精神。

（三）以小组成员相互依赖的合作性活动为主体

以小组成员相互依赖的合作性活动为主体，是小组合作学习区别于传统班级教学最本质的特征。一个有效的合作学习小组，必然是一个相互依赖的团体。小组有效合作学习的首要条件是学生相信他们是同舟共济的，并且彼此是值得互相依赖的。在合作学习中，积极的相互依赖使学生们知道自己和其他组员之间是密切联系的，其他组员成功，自己才能成功，反之亦然。积极的相互依赖使学生们明白他们彼此的责任，小组成员在一个小组中共同学习，彼此分享资料，互相支持和鼓励，从而使组员的学习效果最大化。在积极相互依赖的小组中，小组成员的努力对小组的成功是不可缺少的，每个成员为了完成共同的目标而集体努力、合作，为目标的实现做出自己的贡献。相互依赖为相互合作提供了一种情景和前提。因此，构建积极的相互依赖关系，可使学生间相互依赖的合作产生更高的成效。

（四）以小组总成绩作为评价和奖励的依据

建立科学的评价机制，是小组合作学习取得成功的保障。评价不仅只是针对学生的学习成绩，还应采用多种评价方式与不同评价内容，同时综合学生的兴趣爱好、学习能力、知识基础、性别、特点等多方面因素，对学生合作学习进行评价。小组合作学习以小组总成绩作为评价和奖励的主要依据，这样就形成了小组内成员相互合作而又与其他小组产生竞争的局面，对小组内各成员的参与度、积极性和创造性做出恰当的评价和奖励。以小组的总成绩作为评价和奖励的依据，在组间树立榜样，激发组间竞争，改变了传统体育教学中以学生个人为奖励对象、以个人成绩为奖励标准的做法，充分调动和激发每个学生参与学习的主动性和学习兴趣。同时，使学生优势互补，形成良好的人际关系，促进学生个性特长健全发展，使学生在各自的小组学习中尽己所能，组内成员之间形成互助与合作的学习氛围。这种以小组总成绩作为评价和奖励依据的方式，改变了传统班级教学中成员间以竞争为主的交往方式，有助于培养学生的合作精神，形成团队意识的观念，形成更积极的人际关系，养成更健康的心理状态。

三、体育教学中应用小组合作学习的价值

（一）让体育学习者的责任意识更加具体

近年来，学生的社会责任意识不容乐观，出现了诸如个人责任感、角色责任感、集体荣誉感、国家概念、社会意识不足，这些问题的出现离不开学校教育的缺失，所以从学校教育的任务出发，培养学生的合作意识就是在培养学生的社会责任意识。这一任务符合国家与社会对人才

的需求标准。

体育课堂和其他科目的课堂相比，学习活动的范围更大，空间更广，组织方式更多。而在初中体育课堂中运用小组合作学习，不仅是知识结构的探讨和交流，还是身体机能相融合的肢体触碰。小组内的每一个成员既要自己学会知识技能，也要亲力亲为地去保护帮助同伴，组内的任何一个同学如果出现疏忽或者推卸，那么在体育课中就可能出现整个小组的任务无法完成的情况，并造成一定的安全事故。学生在体验动作完成的同时，还有情感体验、责任意识的体现，并且这种体现更加强烈与具体。

(二)　让体育学习者的互助依赖性更加突出

学生之间的互助依赖性是小组合作学习的特征之一，这一特征在初中体育学习过程中更加显著。社会是一个大家庭，学校亦如此，我们每个人都是其中的一分子。团结、互助、友爱，是人生必不可少的道德品质。我们拥有这种优秀品质，并且有机会结合起来，担当起建设祖国的重任，社会才能和谐发展。很多学生因为家庭背景不同，往往在平时的学习过程中很少去帮助身边的同学，都是以自我为中心。而学校教育的任务不只是教授学生应当掌握的知识，更重要的是要教会学生很多处事观念。在初中体育教学中，通过小组合作学习，不但能让学生很好地掌握课堂知识，更能让学生在开心的学习环境中体会到帮助他人的乐趣。比如，在练习体操项目时，为了安全考虑，可三人分为一组，当一个人在做练习动作时，其他两个人在一边进行安全保护。比如，在集体跳绳过程中，如果缺少摇绳的同学，那么整个项目是无法进行的。

（三）让体育学习者的合作与竞争同时存在

在传统教育理念下，学校教育往往忽视了合作的价值，而过分强调竞争的作用。过于强调在学习过程中的角逐，这样很容易使学生在学习过程中产生焦虑的心态，造成学习氛围的紧张。特别是对于学困生来说，一味地强调竞争会让其在学习过程中产生自卑感，形成消极的学习态度。可是假如没有一个良好的竞争环境，可能会在学生之中形成过于懒惰、不求上进的学习氛围。

一般而言，合作与竞争是相互对立的两个概念，但在体育教学中，合作在多数情况下是与竞争同时存在的。在集体或对抗性项目中，每一个学生在小组中进行的合作是为了对抗其他小组，合作与竞争这种同时存在的形式，在某种程度上强化了合作的意义与合作的最终效果。同时，从情感方面也加强了学生的责任意识。

从另外一个角度来说，对抗性项目的练习是学生在体育学习活动中的"另类"合作。没有了竞争，小组合作学习在体育课堂中的意义也就淡化和减弱了。小组合作学习强化的是小组内的帮扶与互助，它消除了人与人之间的个体化竞争，是把竞争转变为两个或者是几个小组之间的良性竞争，使得学生可以在一个相对和谐与健康的学习氛围中共同研究、探讨。这样的学习方式对培养学生的合作与竞争意识大有益处，同时还能增强学生的集体荣誉感和责任感，进而在心理上形成一种健康的合作竞争意识。

（四）让体育教师由教学权威向教学引导者转变

传统体育教学模式下的师生关系强调的是师严道尊，讲究的是"严师出高徒"，教师总是高高在上，学生只能被动地顺从，学生一听到体育教师的声音就有一种惧怕感。这种不和谐的师生关系，致使学生在学习过程中缺失学习主体意识。然而，一种先进的教学模式应该是有助于学生主体地位发挥，并且有助于学生个性特点充分发展的。现代学校教育教学最根本的理念是，要求学生能够实现各方面能力全面健康发展。"平等、和谐、互助"应成为建立新型师生关系的新理念。由此形成的师生关系中，体育教师由传统教学中的权威者转变为学生的伙伴或"挚友"。因此，在体育教学中，教师可以通过不断地与学生交流，实现这一新型的、先进的、科学合理的教学模式的建立与发展。

（五）让体育学习者由被动服从向主动参与转变

对于初中生来说，虽然他们的年龄还比较小，知识结构还不完善，个人经验也不足，但是他们有着旺盛的精力，有着对新鲜事物浓郁的兴趣，还有强烈的好奇心，丰富的联想能力。每个学生都有各自独特的思维，对同一事物持有各自奇异的想法。在体育教学中，传统的体育教学课堂活动形式主要是：教师讲解→学生记忆→教师示范→学生模仿→教师指点。教师在体育教学中承担着主体作用，而且要求学生做到整齐划一，使学生的个性特长很难得到发挥，课堂变得沉闷、单调，学生的积极性也不高，学习的效果不是特别的明显。往往计划两节课实现的教学目标，有可能需要五节课才能完成，甚至会更多。因此，合理利用小组合作学习，充分发挥学生的主体作用，对提高体育教学课堂质量很有帮助。而要实现这一目的，就要改变传统"我教你学"的课堂教学形式，给学生创造更多能够合作学习的条件，创造更加开放的学习氛围。让学生经常性地通过小组讨论和交流，互相学习、比较。正所谓"横看成岭侧成峰，远近高低各不同"，只有不断地交流，才能进行比较，有比较才有鉴别，有鉴别才能做出正确的选择，而正确的选择又是走向成功的基础。在此过程中，教师只承担组织与指导作用，把课堂交给学生自己，由"让我学"向"我要学"转变。比如，在传统的实心球教学中，都是教师先讲解学习的内容及动作要领，并且做标准动作示范，然后让学生不断地做练习，教师再对个别错误的学生进行指导，使整个课堂显得没有活力。在小组合作学习的条件下，教师只讲解了动作要领，做了标准动作的示范，其余的时间交给了小组，并且在课堂结束前对每组学生进行考查、比较。这样每个小组的学生都会很认真地对待，而且提出自己认为最合理的练习方法。学生的积极性被完全调动起来，以前表现不好的学生也能够在这一项目中脱颖而出，得到大家的鼓励与赞赏，这对他以后其他项目的学习也起到了促进作用。

（六）让体育教学过程由注重教法向重视学法转变

体育传统教学观认为，教学主要是教师教学生模仿的过程，而忽略了学生对知识结构学习的能力。因而，在对教学技术进行研究探讨时，大多是立足于对教师怎么教的划定，没有对于学生应该怎么学的指导。而在体育教学过程中应用小组合作学习，促使学生不再被动地服从，而是主动地参与。在这样的教学理念指导下，学生会主动地对知识进行研究学习，以实现能力的提升。在这个过程中，体育教师要以教学的引导者、组织者的身份教会学生学习的方法。其主要作用不是体现在对知识、技能的简单讲授和示范上，而是体现在对教学过程进行周密、科学的设计和精心组织学习活动上。这样的改变是体育教师对教书育人这一责任的践行，也是新模式构建发展的必要条件。

第二节 小组合作学习在初中体育教学中的运用

小组合作学习作为初中体育新课程提倡的教学方法，与传统教学模式相比，是一种新式的教学思维和教学模式。小组合作学习让体育课堂更加民主，师生更加和谐，评价更加具体有效。但小组合作学习不是任何情况下都可以搬来使用的，而是需要在特定条件下加之体育教师的指导和合理调控，才能发挥它在初中体育课堂中应有的优势。

一、确定小组合作学习体育教学分组标准

小组合作学习分组的方式有很多，总结起来大体分为：异质小组、同质小组、自由小组、自然小组。传统体育教学中大多采用的是自由小组和自然小组，随机性、随意性很强，容易导致学生的学习效率低下，课堂秩序容易混乱。为了弥补传统体育教学中分组的不足之处，围绕学生的个体差异理论和层次需要理论，提出异质小组和同质小组的方式，以此达到课堂的优势互补和满足学生的不同需求。所以，在初中体育教学中运用小组合作学习时，主要以异质分组为主、同质分组为辅进行教学，以此调动学生的积极性，最终提高课堂效率。

（一）按"异质"进行分组

异质小组是小组合作学习分组的主要形式，是为了满足学生的差异需求、顺应学生的自身发展而采用的一种分组形式。异质分组的目的是促进学生之间的合作学习，激发组内成员的学习兴趣，增强组与组之间

竞争的信心，进而更好地完成教学目标。在初中体育教学中，常见的分组有以下两类。

1. 根据个人技能层次分组

《辞海》（第六版）将"技能"定义为：指个体通过反复练习形成的合乎法则的活动方式。新课改要求初中体育注重学生的个体差异，满足不同学生的个性成长，让每一个学生在课堂中都能受益。依据技能层次分组，一般是在难度较大、需要学习时间较长、能够体现学生辛苦付出的体育项目里运用。例如，体操的组合动作、足球的带球过人技术、篮球的上篮技术。在这类项目中，可以先将学生分成 A、B、C 三个运动技能层次，随后的分组要保证每个小组都包括三个不同层次的学生，达到"组内异质，组间同质"的状态。一般情况下，A 层次的学生能够熟练掌握运动技能，身体素质较好；B 层次的学生掌握运动技能的水平良好，身体素质一般或不全面；C 层次的学生运动技能较差，不能很好地完成动作技术。每组的组内都可达到优势互补，学生之间可以相互帮扶，最后整体实现共同进步的目的。

2. 根据学生个人体能分组

体能又称运动素质，是指机体在运动时所表现出来的能力。由于个体差异性的存在，每个学生的体能都有所不同。而在体育课堂实际教学中为了能够提高学生的学习积极性，激发学生的学习兴趣，发挥学生的主体作用，可按照个人体能的不同进行异质分组教学。这类分组形式比较适用于足球、篮球的对抗训练。以某班男生为例，班内共有男学生 20 人，根据个人体能的不同，可以将学生分为 A、B、C、D、E 五个等级，每个等级中有 4 名学生。然后按照每个等级出 1 名队员的方式，重新组成 4 个异质小组。让每个小组都有不同体能的学生，在对抗比赛中体能能够得到互补，同组成员互相鼓励支持，实现共同进步。这样，同组内既有能力相近的同学，又有能力略高的同学，体能较强的同学带动体能较弱的同学，整体实现共同进步。同时，组间同质能够与其他组别进行对抗。

（二）按"同质"进行分组

同质小组，即相对同质的群组。异质小组虽然有它的优越之处，但不可能做到面面俱到，长期下去，可能会造成"好的更好、差的更差"的局面。所以，根据体育教学的实际情况，在体育教学中也要适当运用同质分组。而同质分组一般考虑的是尽可能地满足学生的内在需求。心理学的研究表明，由学生内在需求所决定的兴趣对学生学习的推动力是持久强烈的。需求是激发积极性的源泉，是人们从事社会活动的内部驱动力。因此，唤起学生的内在需求，能够激发学生的学习积极性。

学生成长的需求是教育的出发点，马斯洛需求层次理论将人类的需求像金字塔一样从高到低分为五种，分别是：自我实现需求、尊重需求、社交需求、安全需求和生理需求。而学生在成长的过程中，也会出现各种需求。学生的需求源于对梦想的渴望和独立生活的体验，学生愿意把这种需求带到课堂中，并加以发挥。教师应该掌握学生的这种优势，进一步加以雕琢并充分利用，让这种资源在课堂上最大化。而在体育教学的过程中，我们也应当尊重这种需求，并为其提供条件。

以初三年级为例，这一阶段的学生相对于其他年级来说，体育课堂的需求仅仅是体育中考项目成绩的提高。而很多学生在个别项目上的成绩已经达到满分标准，不需要再做过多的练习，这就需要学生把主要的精力放到其他没有满分还有提升可能的项目上。对于这个时期的体育教学课堂来说，教师应当充分尊重这一规律，按照学生的需求，将学生分为四个大组（中考体育加试项目为四项：男女生 100 米跑、男女生实心球投掷、男女生立定跳远、男生 1000 米女生 800 米跑），学生根据自己的实际需求进行选择性练习，做到有的放矢。

作为初中体育教师，一切教学活动的出发点和最终归宿就是让学生在全面发展的同时能够取得好的中考体育成绩。因此，在特定的时期内，考虑到学生的智力水平、认知能力和性格存在一定的差异，身体素质和能力也大有不同，为了能够让同一资质的学生更好地在一起探讨学习，在对初三年级第二学期的中考体育加试内容进行教学时，就会应用到同质分组，这样便于统一指导。这时，可以在课上将全班学生分成男女各四个小组，一组是已经达到中考体育加试满分标准、能力比较突出的学生，这部分学生的目标就不再仅仅是围绕体育分数了，他们会更多地倾向于情感目标，去帮助其他学生；二组是暂时还不能达到满分标准、训练比较积极的学生，这部分学生是拔高部分的学生，可适当增加训练难度和训练量；三组是不能达到满分标准、训练比较懒散的学生，对这部分学生应该倾向于投入更多的心血，要从心理和身体素质抓起；四组是成绩比较差、训练又懒散的学生，对这部分学生应该给予更多的鼓励和关怀，并降低对他们的课堂要求。这样，学生在练习的过程中都会依据能力不同，制定一个可使自己完成的阶段性目标，目标的完成提高了学生的学习积极性，教学效果也会随之得到明显的提升。

总而言之，不管是利用异质小组，还是应用同质小组，其目的就是在承认学生个体差异和内在需求的基础上进行体育教学，进而充分激发学生的学习积极性与主动性。具体适用哪种分组方式，还需要体育教师在实际的教学过程中认真选择。因个别体育教学内容的复杂性，异质与同质的应用会随着教学的不断深入而发生改变，所以两者对立又统一，形成互补。

二、发挥初中体育教师的引导作用

体育教师科学合理地调控与分配是实现学生在学习中主体地位的保障。所以，在强调学生主体地位的同时，不能忽略体育教师的引导作用。当然，任何一种教学方法都有利弊，小组合作学习在短时期内可能也会出现学生的课堂随意和不重视现象，很多体育教师会担心课堂无法正常进行。因此，体育教师应根据实际情况及时地进行调控，多走到学生中间，耐心、细致地与学生进行交流，根据学生的反馈信息，通过多种渠道打探分组模式对学生的利与弊。如果学生在学习的过程中出现的问题较多，教师可以适当地通过调整教学内容、课堂节奏、练习密度等进行补救，并有针对性地进行提醒和督促，做到扬长避短，及时阻止不利因素的出现。这样在初中体育教学中应用小组合作学习就会逐渐进入正轨，发挥它应有的作用，从而提高课堂教学的质量和效率。

（一）合理安排小组人数

课堂中分组的人数要保证课堂的效率，在传统体育教学中大多数教师会以组织队形（四列横队或四路纵队）为基础把学生分为四大组，每组大约 10~12 人，这种分组只适合学习同一个简单的内容，如游戏、400~600 米的慢速度排队跑。带有技术性的项目一般按教学要求来分组，如 2 人一组进行篮球传球技术学习、排球发球练习；4 人一组进行足球传接球练习、单双杠及垫上技巧动作；6~8人进行健美操动作编排练习、小场足球比赛。

（二）精心搭配小组成员

在小组合作学习中，为了能够最大化地实现教学目标，应当对小组成员进行最为科学合理的搭配。为了实现这一目的，教师在平时课堂中就应该认真观察每一个学生的特点，对每个学生的能力进行评估，确定学生在课堂合作学习中能担任什么样的角色。搭配小组成员应遵循以"异质小组"为基本形式这一特征，结合"同质"做到合理有效。即确定小组成员时，按照每个学生的资质、学习能力、知识基础、性格特点和最终分组的标准不同，合理地分配好每一个学生，让学生在小组合作学习中发挥应有的作用，组员之间要有合作的意识，面对分歧可以共同协商，从而共同进步。

（三）及时进行组间调整

在课堂教学中，教师应对小组进行有效的调控，让班级整体张弛有度，并处在一个合理的状态下。随着时间的推移，针对小组之间发生的变化及存在的差异有必要进行微调，以此避免出现两极分化或学生积极性不高的问题。

例如，某学生A在班级里体育成绩处在中等偏下的位置，并且在日常的表现中处于消极状态。在七年级入学学习广播体操时，教师把该学生放在了1组，组长特别认真负责，给予了A很多关注和帮助，但是学生A掌握动作的速度比较慢，问其原因，学生A说他很被动也不愿意学，后来教师通过观察把学生A调到了2组，2组的组长首先在态度上对学生A表示欢迎，然后鼓励学生A说："我相信你很快就会学会，动作很简单，我们一起来学。"2 组组长让学生 A 变被动为主动，还不断表扬并且让他主动去展示，从而得到了大家的肯定。

在该案例中，我们可以发现学生 A 在换组之后积极性提高了，在另外一组同学的帮助下已经能完整做广播体操了，并且抢着要做示范动作。可见，教师在发现问题后，针对相应的问题及时进行组间调整，让班级的学生流动起来，让小组合作学习在体育课堂中存有新鲜感。

（四）明确组内成员分工

在一堂体育课中明确小组成员之后，学生可能会根据自己的能力在组内随机发挥自己的作用，整个课堂可能会失控。这时，体育教师就应该发挥自己的调控作用，进行合理的人员分工，指定或者以同组推举的方式选定小组组长，同时明确组长的职责，让每个学生都知道自己在小组内的职责所在，熟悉同组成员特长，认清自己的不足与个性，实现人与事的最佳匹配。同时，明确地向每个小组成员讲授所要完成的学习任务与考评标准。

例如，在一次足球脚内侧传球教学中，某教师遵循个体差异理论将全班 48 人按能力分为 4 人一组的异质小组，共 12 个小组，每个小组内成员编号分别是：A1~A4、B1~B4……L1~L4，1 号到 4 号学生能力由强到弱。教师让这 12 个小组合作练习脚内侧传球，结果教师通过观察发现了一个问题：组内 4 个人没有统一的练习方式，不知道自己在组内承担什么责任，导致课堂混乱。随后，教师让学生停止练习，并做出了如下规定：每组的 1 号同学为本组的组长，负责引导学生练习所学内容，并帮助其他同学纠正错误动作，起到体育骨干的作用；每组的 2 号学生负责发现练习中容易出现的问题，并及时反馈给组内成员；每组的 3 号同学在自己练习的同时负责维持小组纪律；而4号同学只负责提升自己的动作技术，争取在练习后达到要求。这样，全班的每一位同学都有了自己的分工和任务，每个小组都进入了紧张有序的合作练习，整堂课都呈现出一种浓浓的学习氛围。

从以上案例中可以看到，教师做出这样的调整不但减轻了自己的压力，同时也让学生更具体地感受到自己在课堂教学中的主体地位。

三、构建小组合作学习在初中体育教学中应用的教学环境

（一）合理利用所拥有的场地和器材

目前，大多数学校都存在一个"场地小、班额大"的状态。而场地器材的准备情况直接关系到体育课的教学质量，关系到体育课是否能顺利完成。学校的体育教师应该提前进行集体备课。其中一项就是备场地、器材，大家集体讨论分别上什么，利用多大场地和多少器材，这样在课中就不会出现冲突。在课中，不能是我们有多大场地就用多大场地，有多少器材就用多少器材，那样容易让课堂失控，教师无法组织学生进行合理有效的练习。所以，教师应该根据班级人数、学生对动作的熟练程度、教师的组织方式合理安排和利用场地器材。

（二）提供足够合作的时间和空间

既然要在初中体育教学中合理利用小组合作学习，就不能流于形式，随便一分组让学生自己去练习，那样不但课堂效率不高，学生对体育课也会逐渐失去兴趣，会觉得课堂平淡无味。因此，教师想要合理有效地开展下去就不能怕浪费时间，在最初实施过程中就应该花时间去组织课堂，让学生与学生磨合，学生与教师磨合，并在磨合中不断发现问

题、解决问题，形成一个良好的合作体系。在学生合作学习过程中，教师要留给每个小组独立的合作空间，让学生在小组合作中自由发挥，教师可以同学生一起参与，但不要用语言随意打断学生的学习过程，而是在学生一段学习结束后，再对其进行各方面的点评。所以，作为教师，就应该在课堂允许的前提下，给学生提供足够的时间和空间，让学生在合作过程中淋漓尽致地发挥自己的水平，展现自己在小组中的作用。

（三）建立师生平等和谐的课堂氛围

俗话说："教学有乐，教学相长。"教师和学生平时就应该成为朋友，教师可以做学生的知心人，倾听学生的心事，了解他们，关注他们，把对他们的这种态度一直延续到课堂中。只要融入学生这个集体中，学生就真的会把教师当作集体里的一部分。在师生融洽和谐的气氛中，教师可以尽情地施展自己的才能和组织管理能力，这应该是辛苦准备过后得到的最好回报。学生可以在这种宽松愉悦、平等互助的环境中与同伴互助学习，增强协作能力，最终做到师生之间的互助学习。

教师想与学生建立一种合作互动的关系，就要真诚平等地对待每一个学生。教师要掌握各种教学手段和方法，利用各种途径获取大量的现代体育信息和丰富的教育理论知识，了解当代学生的爱好和心理需求，这样才能激发学生的兴趣，得到响应并产生共鸣；更要努力营造轻松、愉悦、和谐的课堂教学气氛，以自己亲切和蔼、充满爱意的语言激发学生的学习动机，使学生体验到体育学习进步与成功的快乐，体验到与同学合作的愉悦和战胜困难的信心。

（四）激发学生小组合作学习的兴趣

"兴趣是学生最好的老师"，学习的兴趣是学生主动创新、积极参与的推动力。传统课堂的分组大多是机械地分组和枯燥地合作，教师和学生都是在生搬硬套、按部就班地完成所学内容。很多教师没有从心理上去接受研究这种本来很好的教学方式，认为这是一种费时费力的做法，导致学生在体育课堂上最愿意听到的就是"解散，自由活动"。因为自由活动可以做他们愿意做的、感兴趣的事。从教师的角度出发，唤起学生强烈的求知欲和课堂兴趣是教学成功的关键。教师应该做到以下三点：首先，现代教师应该与时俱进，不断更新观念，从自身做起，对新鲜的、好的教学方法不断尝试，体会其中的乐趣，从而感染学生；其次，在最初的小组合作学习中，教师应该由浅入深，逐渐把学生带入小组合作学习的情境中，让学生在情境中感知并喜爱上这种教学方法；最后，在小组合作学习过程中，教师多运用一些鼓励性、启发性的语言，尤其是应多给予学困生关注和帮助，把学困生的兴趣激发出来，那么整个课堂就"活"了起来。

（五）增强学生的集体荣誉感和使命感

集体荣誉感是指学生自觉意识到作为集体一员的尊严和荣耀，从而更加积极向上的一种情感。

目前的初中生大多数都是独生子女，在他们的家庭成长过程中本就缺乏对"集体"的认识，如果把他们聚集在学校这个大环境中，就会体现出一些诸如自私、以自我为中心的弊端。所以，学校必须把对学生集体荣誉感和使命感的教育放在日常教学中，让学生感到"班荣我荣、班耻我耻"。

体育和德育本就是密切相关、不可分离的，在体育中渗透德育的可行性也是非常高的。体育教师要在日常体育课、课间操、课外经常组织一些集体活动，在活动中做到：激发学生的社会交往动机，鼓励学生相互认知，让学生在集体中加强班级凝聚力，体现班级团结向上的面貌。

四、创建小组合作学习在初中体育教学中应用的评价机制

《义务教育体育与健康课程标准》（2011年版）要求："力求突破注重终结性评价而忽视过程性评价的状况，强化评价的激励、发展功能而淡化其甄别、选拔功能。把学生的体能、知识与技能、学习态度、情意表现与合作精神纳入学习成绩评定的范围，并让学生参与评价过程，以体现学生学习的主体地位，提高学生的学习兴趣。"因此，要从以下四个方面建构小组合作学习模式下的评价机制。

（一）建构以激励性评价为主的评价方式

激励是指持续地激发人的动机和内在动力，使其始终保持在激奋的状态中并朝着所期望的目标采取行动的过程。积极性的激励评价能够在一定程度上满足学生的心理需求。争强好胜是学生的天性，每个学生都有渴望成功的愿景，都希望得到教师和同学的认同，正是这种内在的求同感，驱动着学生主动学习。因此，在初中体育教学小组合作学习中引入激励性评价，能够促使学生不断地自我发展、自我进步，从而极大地激发学生的学习兴趣，调动学生的学习积极性。学生只有对相关体育教学内容有积极的学习态度，才能对体育课堂产生兴趣，并保持持久的学习欲望。在一段练习进行中或结束后，教师可以通过外部的评价对合作的小组或个人进行如语言、肢体的鼓励和赞扬，让学生在小组合作学习中更加努力，让合作学习小组这一团体更加团结，更好、更快地完成小组合作学习的任务，让体育教学课堂更具有实效性。

（二）教师评价、组内互评、学生自评相结合

教师评价是指教师对学生或小组综合表现的评定，是促进学生进步的推动力。教师评价，一方面应该体现在激励功能上，而不是直接拍板告诉学生是好还是坏，要让学生感觉到教师对他们的重视和尊重，让学生在学习中找到自信，并能够积极主动地去发扬好的，避免不好的。另一方面，应对小组合作学习的状况和效果进行评价，应注重学生合作的程度、学生参与合作的情感与态度，以及合作中学生独立思考的能力；更应注重学生是否能主动参与合作，合作的兴趣是否提高，学生在课堂中有没有互帮互助、共同进步。

组内互评是指同组成员之间的相互评价，是评价体系里重要的一方面。组内评价的结果对于学生来说更客观、直接、明了，因为同组成员之间关系较为密切，具有相互激励和帮助的作用，学生更愿意接受和听取改进建议。组内可以设计互评表，让每个学生对组内的其他成员进行评价，如合作态度、积极性、质量、效果、创新思维等方面。这样，不仅让学生感受到在小组内主人翁的意识，体会到大家是一个需要共进的团体，还可以使其明白自己在组内哪些方面有待提升，培养学生客观公正对待人和事物的态度。

学生自评是指学生根据自己在课堂及组内的变化进行思考后的评价。在初中体育教学中，初中生的自我评价不可忽略，因为初中生正处于思想动摇期，容易出现叛逆心理，有时不能接受来自别人的批评与指点。而体育课又是能动性比较强的课堂，学生可能会脱离课堂组织，影响到课堂的效果。所以，除了教师评价和组内互评之外，学生自评是必不可少的一个环节，这个过程能使学生按照既定的目标和标准对自己的

学习进行检验，并对自己做出正确的评价。

一节好的体育课既要体现出学生的主体地位，又要突出教师的主导作用，如果评价体系里只有教师评价，那就影响到了学生的积极性，并造成评价的不全面。当然，只有组内互评和学生自评也是不完整的，学生容易没有方向，偏离和课堂目标相匹配的评价体系。只有教师评价、组内互评、学生自评三者有机结合，才能更加全面地让每个学生知道自己在课堂中的优缺点和需要发扬与改进的地方。

（三）个人评价与小组评价相结合

个人评价是指教师对学生个体进行的评价，小组评价是指教师对小组整体进行的评价。

个人依赖于集体，集体由个人组成，它们是相辅相成的关系，谁也离不开谁。在合作过程中，个体有利的因素在集体中能发挥出应有的优势，集体的"光环"也会体现在个体上。教师每次点评时不但要对小组整体做出的成果进行评价，还要对组内成员进行点评。教师在对个体进行评价时，要以个体差异性和个性化为出发点，根据学生自身能力进行点评，不能所有的评价一视同仁，一成不变，主要对学生在合作过程中的实践程度与态度进行考察，提高学生主动参与合作学习的意识，激发学生合作学习的兴趣，培养学生合作学习的能力。在合作过程中，教师应该将个体和团体有机结合，一方面对整体做出评价，另一方面也不能忽视对个体的评价。

（四）过程性评价和结果性评价相结合

过程性评价是对学生的学习过程进行即时、即地的评价，是对学生学习过程的价值进行构建的过程。这种评价是以过程性观察为基础的评定方式，对学生学习过程中的意识、态度、能力进行考察，是相对结果而言的。过程性评价可以及时发现问题、解决问题，及时反映出学生的学习情况，让学生在学习过程中不断进行反思和总结，同时教师能够及时反馈信息、及时调节，不断完善教学计划、方案，以达到预期的教学目标。

结果性评价是指一段教学活动结束后，为了解教学效果对评价对象到达预期目标程度做出的判断。一般会在学期末进行，对学生的表现或成绩做出一个整体评价。

在初中体育教学中，既不能忽视结果性评价，更不能忽略过程性评价。体育课堂的小组合作学习是学生之间合作、交流、互助、依赖的过程，在这一过程中初中生的才能得到真正的发挥。当然，一段时期学习后的结果性评价也不能少，结果性评价能让学生明白自己目前所处的地位，可以让学生更好地根据实际情况设定科学合理的学习目标。

小组合作学习是新课程（教学理念）倡导下的一种有效的学习方法，也是发挥学生主体地位作用的一种有效方式，具有一定的针对性和优越性，有利于教学中的多边互动，照顾学生的个别差异。小组合作学习的优点在于集中团队的力量达到仅凭个人的智力、精力无法实现的目标。《国务院关于基础教育改革与发展的决定》明确指出，"鼓励合作学习，促进学生之间的相互交流，共同发展，促进师生教学相长"。

随着体育新课程的实施，合作学习已逐步成为学生体育课程学习的一种重要方式，对小学一年级到高三年级共 12 个年级学生的合作能力分别提出了不同的要求。《义务教育体育与健康课程标准》（2011 年版）对初中一年级到初中三年级学生合作能力的要求和目标是："自觉遵守体育行为准则，善于合作，敢于竞争，增强集体意识和自我健康的社会责任感。"在新课改的自主、合作、探究学习方式理念的指导下，初中生在体育学习过程中需要合作学习，因为一方面体育教学中有一些学习时间长、内容复杂、难度较大的集体项目；另一方面，体育教学的目标与内容中包含互动、互助、协同、合作的因素。因此，小组合作学习在初中体育教学中的应用具有一定的研究价值。

第五章　"积极心理学"在初中体育教学中的应用研究

第一节　相关概念的界定

一、积极心理学

所谓积极心理学，意为借助于科学的原则和较成熟的方法，从主观、个体、群体三个不同层面研究幸福，倡导积极取向的新的研究领域。其中，主观层面主要研究个体在与环境交互过程中如何产生积极的情绪体验；个体层面主要研究积极人格特质的分类和定义，怎样引导人们产生积极行为，激发潜能，培养优良的人格特质；群体层面的最终目的是促进积极人格的培养和积极情绪的产生。针对积极心理学而言，其全面反映了以人为本的相应思想，大力倡导积极的人性论，将培养人的积极品质视作探析自身的相应目标，能够显著提高个人的幸福感，推动人和人友好相处，从而让人和社会和谐发展。

二、积极教育

积极教育从积极的角度出发，努力创造个人的积极体验，有助于成就动机形成，强调达到目标的驱动力可以使个体进一步肯定自我。对于积极教育的概念，有学者将它定义为一种学业发展与人格发展并重的教育，是一种幸福教育，目的是寻求学生的各种力量，并在实践中对这些力量进行扩大和培养。现在大众普遍认为的"积极教育"，是指借助于探寻及施展教育系统中面向学生成长及教师发展存在积极影响的潜力性因素，进而让全部教育系统慢慢自亚健康转变为健康的一类教育发展观念。陈振华针对积极教育具有以下解释："立足于常规教学理念，联系现阶段的教育实际，在积极心理学所对应积极层面的作用下而产生的一类积极的教育观念以及形式，其所主张的理念、行动以及品质等全属于积极的。"

详细而言，即为教师与学生在联系学校装置状况等详细情形的条件下，推动学生努力探寻知识，成为学习的主导者，对积极的人生态度予以有效端正。此处所提到的学习属于一个双边沟通的过程，希望具有轻快的学习环境，其希望完成的学习成效属于主动且长久的。

三、积极体育教育

伴随着积极教育的持续深化，此理念已大规模运用在诸多方面，其中也涉及体育方面，从而产生了"积极体育教育"。所谓积极体育教育，即为在体育教学期间，教师根据学校环境及场地设施、学生的具体状况展开教学，立足于开展教学相关工作，恰当且巧妙地挑选体育教学的方式，打造极佳的体育教学氛围，让学生在情感方面产生积极的感受，对积极的人格特征进行有效培育，而不仅仅注重学生体育测试成绩。简言之，积极体育教育是在传统体育教学的基础上，将学生视作根本，借助于积极的相关理念及教学方式等，促进学生身心健康的一类教育方式。

第二节　初中积极体育教学模式的构建

一、积极体育教学模式下初中体育教学理念和指导思想

实施素质教育，必须注重培养学生的创新精神和实践能力，让德、智、体、美统一服务于教育的各个环节，促进学生的全面健康发展。我国学校体育的指导思想的确定具有一定的时代性和局限性，随着社会、经济和文化的发展而发展。改革开放以来，先后出现过"三基教育""快乐体育"等诸多思想。在不同体育课程相应思想的作用下，部分体育教师似乎不知所措，具体表现为不知道如何贯彻各种指导思想。

目前，体育教学中存在的主要问题还是知识目标和能力目标的掌握出现偏重，学生的学习体验被忽视，从而造成部分学生对体育课产生厌烦，使体育课变成了部分学生不愿意面对的负担，不易让学生形成极佳的个性与思想品质，不利于国内体育教学的进一步发展。《义务教育体育与健康课程标准》（2011 年版）开始正式实施，依托相关机构的指导，国内学校体育具有具体的指导思想与教学观念，主要分为四大部分：以"健康第一"为指导思想，促进学生身体、心理、社会适

应能力整体提高；激发学生运动兴趣，使学生自觉主动地参与体育锻炼；以教师为主导，学生为主体，提高学生的自主学习能力；关注个体差异，因材施教，使每位学生都能体会到成功的快乐。

积极心理学的出现为体育教学提供了一种新的思路，在教育较为发达的美国，学者们基于积极心理学理念和国家课程标准开发了大量可操作性课程，如 SPARK 教学，运动教育模式、游戏活动模式等，与传统体育教学模式相比，这些课程不仅注重技能的培养，更注重培养学生的积极人格，也突出了体育教育的心理功能。积极的体育教育倡导创造良好的学习环境和关注学生的情感体验，教师不再通过全员灌输来实现教学。相反，它针对学生的各种探究活动的问题导向，有针对性地解释、演示、组织和指导。通过实践来促进学生身心健康发展，让学生在体育方面具有更高的学习热情及意识等，整个教学都是以学生为中心。可见，将积极心理学理念运用到体育教学中更好地诠释了如何进行素质教育、如何以学生为中心、如何促进学生全面发展、如何开发出契合我国体育课程标准并具有可操作性的课程模式，这对于我国新课程改革的推进起到了至关重要的作用。当前教育的基本思想更注重对学生个性予以改善，体育教育在此层面具有关键性的影响。借助于积极心理学，让体育教育日益完善，依托积极的体育相关理论对体育教育予以实施，一方面对技能的培育予以充分关注；另一方面，注重培养学生的积极人格。

二、积极体育教学模式下初中体育教学的原则

（一）创新性

体育课不局限于跑、跳、投和球类的基本技术教学，而是多应用球

类、游戏及部分不复杂的体育器械对练习予以辅助，借助于不同的体育活动使得运动技能及运动水平进一步提升，这同样会造成教学场地及体育相关课程方式发生改变。于教学安排期间，着重开展游戏合作与拓展练习等诸多体能与运动相关教学，不仅让学生在体能方面获得锻炼，而且让学生的运动技能获得进一步提升。

教师应积极转变自己的身份，在体育课堂中成为引导者的角色，让学生担任课程的主导者，体现学生的主动性，培养学生的创新性。在课程中，不是安排无聊的体育活动，而是融入体育比赛、拓展训练、游戏等。

（二）终身性

"终身体育"是根据保罗·朗格朗的"终身教育"观念提起的，他认为体育并不是一门单纯的学生时期课程，在人的不同时期、不同生活领域具有不同的体育锻炼方式。由于现代生产生活方式的转变，人们体力劳动大幅度减少，高血压、肥胖症等现代病逐渐增多，有低龄化的倾向。因此，为实现终身体育的目的，应该在体育教学中贯彻思想性教育，使学生充分认识到终身体育不仅是自身生存的需要，也是个人发展、享受的基础，社会发展的保证，让学生在体育锻炼方面的兴趣获得激发，积极培养体育锻炼兴趣，养成体育锻炼习惯，并在潜意识中形成终身锻炼的习惯。

（三）主体性

教师应当切实打造"以学生为中心"的相应课程观念，应当打造"教师的教"为"学生的学"提供服务的相应观念。基于此，教师需要按照学生在心理方面的需求及技能学习水平，依据学生的相应兴趣和爱好挑选教学方式及内容，这一过程同时也是学生创造性发展和发挥的过程，应该允许学生怀疑、质疑，提出不同见解，提出反面意见，这也意味着他们有失败的可能。另外，还要承认学生有犯错误的权利，并给他们改正错误的机会，允许其做出新的选择，这是真正尊重学生主体性的表现。

三、积极体育教学模式下初中体育教学目标的设计

教学目标属于面向教学行为预判结果的相应标准与任务的要求及设定，它推动全部教学活动充分展开，属于教师教学相应工作的根据。围绕教学目标展开设计应当充分遵从"以学习为中心、以学定教"的响应，以及相应的教学观念。目前，体育教师在备课中关于教学目标的设计还存在一定的问题，如在设计教学目标时，以教学大纲为基本，很少自己去思考，不能与学生的实际情况相对应，以教师的行为目标去替代学生的学习目标；三维目标过空、过大，或是含糊不清；情感目标形式化，在教学中难以实现和检验。

为保证教学活动可以有效地实现，首先要科学地确定教学目标。作为体育教师，要对教学大纲进行熟练的解读，对教材灵活运用，尤其是根据学生的实际情况做出改变，班级男女比例的不同或管理方式的差异就会导致教学过程发生变化，因此教学目标也要做出相应的调整。旨在让教学目标于教学期间方便展开设计及完成，能够把教学目标细分成诸多层次，分别为班级、小组、个人的教学目标。班级教学目标着重立足体育课程的相应属性、教学大纲及教学工作等展开设计；根据学生的身体素质和性格特征进行分组，课堂教师根据小组的整体情况和小组成员

的总体需求设定小组的教学目标，通过合作竞争等多种形式促进小组目标的达成。

积极的体育教学模式侧重于小组教学，体育学习小组是学生探索和合作的重要组织形式。学生在教学过程中遇到问题先是组内解决，遇到小组解决不了的问题再由小组长汇总到任课教师，由任课教师统一进行讲解，这种形式可以保证学生有充足的锻炼时间，还可以培养学生发现和解决问题的能力。第三个层面是个人教学目标，体现学生个体的不同，使学生具有更大的体育兴趣，使体育学习基础存在差异的学生可以得到相应的发展。个人体育目标的提出显得尤为重要，该目标主要依据学生的个性特点、学习过程中出现的问题等制定。

应该从增强体质、掌握基本的体育知识和技能、促进心理发展等多个维度去确定教学目标的内容。因为积极心理学侧重的是学生心理健康方面的发展，因此在进行情感类教学目标设计中，应以发展学生的心理素质，端正学生体育学习的态度、动机和价值观及培养学生积极人格为出发点。在体育教学中，可以通过创设特定的情景使学生产生不同的情绪体验，通过游戏来发展学生的创造力、观察力、勇气等人格特质，通过良好的教学环境使学生找到归属感。另外，在确定教学目标和学习目标时，应由教师和学生共同制订，这是因为目标对行为有直接的促动作用。学习目标应当为包含极大挑战性的弹性目标，具有更加高的要求。例如，对排球所涉及的垫球予以训练期间，每节课设立不同的目标，如第一节课垫 10 个，第二节课垫 15 个，依次增加，不断提高自己的潜力；在每节课的练习过程中，也多运用挑战的形式进行，如在篮球教学中设置"在 30 秒内能完成多少个击地传球或双手运球"。较大的学习目标分解为较小的子目标，易理解、具体化，如学习排球正面扣球时，由于动作复杂，可引导学生先学习助跑和起跳姿势，然后练习原地跳起扣球技术，各部分都掌握后再组合练习正面扣球技术。每当学生完成一个目标时，会产生成功的体验和愉悦的心情，而这些情感的获得有利于学生自信心的建立和体育兴趣的形成。

第三节　积极体育教学模式下初中体育教学策略与方法

教学策略为教育心理学中的专业术语，比教学模式更加具体，可操作性强。陈建绩认为教学策略是对实现教学任务而运用的教学活动的准备、教学行为以及媒体挑选等诸多要素的整体思考。著名学者龚正伟根据构成要素，如内容、形式、方法及其他的不同将教学策略分为四类，本节主要从教师讲解与示范策略、教学组织形式策略、教学内容策略、教学环境策略四个方面分析如何整合体育课程资源，深化学生对体育知识、技能和方法的认知。

一、教师讲解与示范策略

体育与其他学科最大的区别是以身体练习为主，思维活动为辅。因此，教师在教学中的讲解与示范是传授知识、技能最主要也是最基本的教学手段，教师讲解示范的水平直接影响到整个教学的效果。教师在学生进行学习前利用"先行组织者"的身份帮助学生建立本节课的初步概念，因此不再需要像传统的教学模式那样以详细系统的方式进行解释，这样不仅会在课堂上占用太多时间，而且会让学生感到无聊。教师在讲解时要抓住教材的关键点，突出重点、难点，这需要教师认真地研究教学大纲，钻研教材。例如，在篮球原地单手肩上投篮教学中，教学的重点为投篮时的抛物线要高，球出手时中指和食指要积极拨球，教学的难点为身体各部分协调用力。教师掌握教学活动的重难点后，组织教学活动就显得游刃有余。讲解语言要准确精练，用最直观的方式把技术动作传授给学生，让学生一听就懂。例如，排球垫球动作总结为"插、夹、抬"三步，篮球原地单手肩上投篮总结为"持、举、蹬、伸、拨"五个环节，这样便于学生理解记忆。讲解形式要富有变化，对动作练习不同阶段的讲解有不同的侧重，练习前的讲解要精练，突出重难点，不需要对动作细节有过分精细的要求，让学生在小组合作练习中自行发现问题，这样学生对动作的理解会更加深刻。更正动作阶段，教师对学生练习过程中出现的典型性问题进行统一讲解，讲解时不要简单告诉学生哪里错了、如何改进，而是采用提问、启发的方式引导学生进行积极思考，判断动作的正确与否。例如，在足球正脚背传球教学中，因为脚踝松懈、踢球腿旋转力度不够、身体重心不稳定、支撑脚站位偏离等多种问题导致足球偏移预定方向，教师要带领同学分析造成错误动作的原因，如何有针对性地改进，这样可以培养学生判断问题、分析问题、解决问题的能力，也进一步促进了学生的兴趣和积极性。

示范是教师将完整动作向学生进行展示，使学生理解动作的基本结构，在头脑中形成表象，更好地进行模仿练习。就示范而言，体育教师应根据学生体育技术运动学习中存在的问题，展示动作技术的一个或几个关键点。对演示所包含的针对性及效率予以充分保证，充分化解学生的具体问题，让学生在体育练习方面具有更久的时间。教师所进行的示范属于学生对动作进行感知的开始，讲解时理解动作规范的深化，讲解和示范是相互促进、密切配合的两种手段，两者的有效结合可以缩短学生对技术动作的认识过程，以便更好地提升教学效果。

二、教学组织形式策略

课堂教学的组织管理是在课堂教学中，为保证教学工作的有效进行，协调校内外可利用的一切资源的过程，是影响教学工作的重要因素之一。从时间维度上看，可以分为课前、课中及课外训练与竞赛的组织管理策略。从空间角度可以分为市、县区域内，学校整体和不同班级的组织管理策略。本段主要就实际教学过程中的组织管理进行研究，学生按照"组内异质，组间同质"的原则将 6~7 人分为一组，全面顾及小组成员的相应技能层次，展开恰当的分组，避免将技能层次较强的划为一组，而将技能不高的划为一组，如此将导致体育学习的效率降低，不利于创造思维的形成。每个小组的不同成员设定不同职位：教练、队长、纪检员、体训员、器材管理员、裁判员等，每节课中一个小组帮助教师进行课堂组织管理。小组教学不是由教师主持、学生代表发言，也不是小组简单讨论，而是由教师辅助，学生小组共同讨论来完成。合作学习需要有每个成员的小目标，也需要有整个小组的大目标。只有每个成员都完成了自己的小目标，都达到所要求的水平，才算完成了本小组的大目标。

三、教学内容策略

体育课程根据不同实际运用不同方式进行练习能够获得极佳的教学成效。举例来说，针对足球教学，着重于让学生在游戏比赛期间感受差异传球及运球的相应脚型步法；针对耐力跑相关教学内容，借助于诸多方式使学生形成沉浸感受，能够让学生具有非常高的积极性。

大量的教育实践也已经充分表明，通过将单一的教学内容设计成丰富多彩的游戏形式，学生"在学中玩，在玩中乐"，可以在积极主动的学习中学到新的知识与技能。在课堂教学中，针对每一项体育活动，都采用多种多样的练习形式。例如，在跳绳的教学中，改变传统的一分钟内跳绳次数多获胜的形式，按照 3 分钟内跳绳变化形式多的同学取胜的原则，学生不仅可以锻炼身体，还可以在训练中发散思维。学生在不知不觉中进行练习，激发了学生的学习兴趣。

要注意综合运动技术的相关教学内容，如在篮球传接球相关教学方面，努力使学生于一节课内熟知诸多有差异的传球方式，使学生迅速展开实际练习及比赛。国内常规教学每节课仅教授一类方式，这导致技术教学需要较久的时长。学生对体育的兴趣是在实践中逐渐培养起来的，但无聊的个人技能练习使学生的成就感低，长期下去，逐渐磨灭了学生对于体育学习的相应热情。在教学期间，需要对单一技能的相应教学时长予以缩短，传授更丰富的组合技能，同时给予极具挑战性的平台。在进行组合运动技术的教学时，学生在学习中可以保持较高的积极性，课堂气氛比较活跃，预计能达到较好的教学效果。教师可以让学生运用他们的技能进行实践，增进个人效能感，强化学生学习运动技能的兴趣。

据相关探究工作表明，不低于中等强度的运动可以有效降低儿童在情绪方面所承受的负担，减少乃至除去情绪方面的障碍。因此，在教学过程中，初中生的活动量应该保证在 50%以上，处于中等甚至高等强度，以保证学生课堂上足够的运动时间，使学生每节课都会在意犹未尽中结束。

四、教学环境策略

(一) 心理暗示

心理暗示在体育教学中大致可分为言语暗示、标志物暗示、榜样暗示等几类。其中，最直接有效的暗示为教师的言语暗示，如教师在教授较难的排球正面扣球技术时，暗示这是排球运动中最难的一个环节，这种带有消极的暗示使学生一开始的信心就被打击到，给自己一种"扣球的技术这么难，即使我学不会也没关系"的暗示。这样，学生可能就不会积极地去练习动作了。可以换成："我们要学习的排球正面扣球技术，是我最喜欢的动作之一，将球扣过网时是多么帅气啊！相信大家都可以学会这一技术。"教师借助于自身所具有的影响力，让自己和学生都很期待下面动作的学习，从而提高学生上课的积极主动性。

(二) 建立校园体育文化

校园文化具有导向、激励、凝聚、规范的作用。通过努力营造积极向上的校园体育文化，对学生掌握正确的体育健身方法、建立崇高的体育道德、锻炼身体和提高社会适应能力都具有积极作用，同时也是学校体育发展的重要支撑。在实际中，教师可以通过定期举办校园篮球赛、设置体育文化周等措施，提升校园的体育氛围；在体育课堂中，将学生分为不同的体育小组，设置组名、分工等形式，增强小组之间的竞技性和小组内的凝聚力。

（三）背景音乐与体育相结合

体育项目与音乐的结合已经成为一种趋势，很多国家将音乐视作体育训练的辅助手段。音乐和体育是两个看起来不相关的领域，但越来越多的研究证明，两者有很多本质的联系。音乐对体育的积极影响表现在：使枯燥无聊的体育训练变得更有节奏，提高学生的兴奋度；消除学生的紧张情绪，帮助学生集中注意力；加速消除学生运动后产生的疲劳和肌肉紧张感。在某些体育运动中，音乐是不可或缺的，如健美操、韵律操等。音乐和运动的充分融合能够让体育活动极具活力，学生一方面动"身"，另一方面动"心"。

第四节　积极体育教学模式的实现条件

积极体育教学模式要求具备相应的支持条件。倘若具有较为全面的施行条件，则积极体育教学就能够获得极佳的成效。基于整体层面而言，积极体育教学所对应的施行条件涵盖以下四个方面。

一、专门的师生培训

从传统的体育教学模式逐渐发展到现在的探究教学、合作教学、情景教学等多种多样的教学模式，各级各类的教学都是不断变化的。因此，需要专业的教师培训，教师只有与时俱进，才有资格进行教学工作。在实施新的教学模式之前，教师的专业培训是必不可少的。教师只有真正地理解了教学理念、教学策略、实施程序等，将其内化于心、外化于行，该全新的教学模式方可有效运用在课程教学方面。

积极心理学属于一类崭新的理念，融入体育课程中，在很多方面都出现了全新的改变。对于教师来说，如果你想成功进行积极体育教学，就需要对相关学科知识、教学资源的开发和整合、沟通技巧都有一定的了解。教师想从传统的示范讲解模式转变为新的教学模式，一定需要专门的培训。对学生来说，教师示范后学生再集体模仿练习已成为教学的刻板印象，学生的学习需要由被动转变为主动。那么，青少年在体育学习中遇到问题该如何利用积极心理学的相关知识进行自我开导呢？该怎样展开积极的自我评判？应当通过培训，使学生适应转变过程，否则无法保证积极体育教学的效果。

二、学生具有学习自主性

积极体育教学的实施程序强调的是学生的主动学习，如果学生在课程中没有依据教师的需要实现有关准备，则教师不易于教学期间实现精练的相应目标，教学将回复至"教师讲授学生练习"的传统教学模式。在教学实践中，为了帮助学生在课堂中更好地融入，教师在课前应与小组队长商议课堂中体育教学的活动形式，并与教学内容相结合，利用新颖的练习形式保障积极体育教学的持续开展和教学效果。教学实践证明，由于学生上课的目的和需求、自主学习能力等方面的不同，导致不同学生自觉主动完成学习任务的情况也有所差异。

三、教学管理部门的支持

不同教学规章制度让教学工作具有具体的要求，使得行为获得规范，然而不利于全新教学模式的实行。根据积极心理学的相关理论知识进行课程设计与实施，注重的是学生的情感、态度与价值观的提升，传统体育教学则是以学生的知识目标和技能目标为主，这可能会与当下体育课的教学计划衔接出现偏差，对体育课的正常教学产生影响，因此在课堂组织管理方面不再像传统课堂那样始终整齐划一。积极体育教学这一新颖的模式离不开教学管理部门的支持，希望教学管理部门在要求教师顺利完成教学任务的同时，鼓励教师进行理论学习和实践创新，以更好地促进教学科研工作的开展。

四、传统教学理念的转变

体育理论知识围绕体育实践行为展开充分概括，面向体育实践行为展开指导，属于体育的核心组成部分。因为学校和教师的不重视，体育的理论课程只在雨雪天导致不能正常教学的情况下进行，短时间内不能从理论上系统地帮助学生展开积极的自我认知，让学生具有更加积极的心理品质。对于学生而言，不同层面的心理素质的培养应坚持理论和实践相结合的原则，教师应在理论课堂上用更多的时间对积极心理学知识进行传授和探讨，并提出积极心理学所倡导的观点。另外，由于学校及教师过分担忧发生教学事故，导致教学内容及方式单一，再加上体育场地设施和学生人数过多等问题，学生在身体练习量及练习强度方面不符合相应要求。

在现阶段，体育教学方面广泛存在的一个问题为：运动技能学习淡化，一些比较高难度的技术动作被删减，如初中的体操类课程开展情况不容乐观，教学内容大多数为广播体操或跳绳，对于竞技体操如单杠和双杠却很少选用。通过体育领域专家及教师的相关访谈可知，因为单杠动作具有较高的难度，极易导致事故发生，体育伤病造成的有关纠纷使学校管理者及教师非常头疼。另外，又因为教学场地的器材和教师教学能力等种种原因，尽管单杠和双杠器材在学校都有配备，但鲜有教师进行教学，单杠已经成为专门测试引体向上的器材。然而，我们不能忽略体育最本质的特性是身体练习。因此，初中体育教学要从实践的本质出发，使学生真正成为体育实际践行行为的主体。

我国第八次课程改革中加入了学生情感方面的培养目标，可以看出，国家对学生心理健康发展越来越重视。教师和学生最基本的关系是教育关系，还包括心理和伦理上不同层次的关联。新课改在教育关系上规定教学相长，在心理关系上要求心理相容，伦理关系上追求人格平等。这对教育者提出了进一步要求，要尊重教育的客观规律，用欣赏的眼光看待学生的潜能。这些要求与积极心理学的理念不谋而合，积极心理学是从情绪、人格特质及社会环境三个方面研究对人的影响，让学生在学习中体验到快乐，对学习产生积极性，在学习过程中培养学生自强不息、勇于创新的优秀人格特质，还要求为学生提供积极的学习环境，改进初中生的生活条件。笔者希望借鉴积极心理学的理念和思想，取发达国家成熟的教学模式之长，补新课改中出现的问题之短，使教育面向现代化，面向世界，面向未来。

第六章 初中体育德育资源及利用研究

第一节 初中体育德育资源的含义及与相关概念的关系

初中体育德育资源属于德育资源的一种，对其定义，不仅需要追踪"德育资源"的概念，还需要从"资源"的含义出发，逐步延伸到初中体育德育资源。同时，对初中体育德育资源与教学资源、教育资源的关系进行梳理，也是为了更好地理解初中体育德育资源。

一、初中体育德育资源的含义

"资源"一词在我国有非常悠久的使用历史，并且随着社会和生活的发展，不断被赋予新的内涵。《现代汉语词典》（第七版）把"资源"解释为："生产资料或生活资料的来源，包括自然资源和社会资源。"《资源科学技术名词》把"资源"定义为"资财之源"，是创造人类社会财富的源泉。《加拿大百科全书》认为，"资源"主要指自然资源，并且强调了"资源"的有用性和价值性，"资源"是用于生产商品或提供服务的，这个定义本身就表明，自然资源虽然产生于自然环境，却是由人类"创造"的。当然，自然资源也可以按照人类的不同标准进行分类。《新语词大词典》认为，"资源"指人类赖以生存和发展的全部自然条件的总和，如土地、矿藏、空气、阳光和水等。《英汉汉英灾害科学词典》把"资源"翻译成 resource，并且列举了两个词（natural resources，capital resources，即自然资源和资本资源）。以上这些对"资源"的解释和定义只是所有定义中的一小部分，虽然还不能把"资源"含义的演进过程完整地表现出来，但是这些基本上都是在解释"资源"的"最基本和最原始的意思"。笔者查阅的其他文献和文章中对"资源"的定义，也都基本符合这些特点。

通过不同作者和文献对"资源"的定义我们发现，"资源"的含义存在一个嬗变的过程。在本研究中，笔者认为，对"资源"含义的理解，应该把握以下三个要点：第一，"资源"最早是指自然和经济资源，人们提到的资源一般情况下就是指一些自然资源，如空气、水、土地、林木等，还有一些就是"经济"资源，这里所说的经济资源其实就是物质资源，如人力、物力、财产等。第二，"资源"的有用性和价值性。"资源"的作用是什么，有什么价值？我们需要"资源"，就在于它是有用的，并且能够给我们创造价值。第三，"资源"的可分类性。"资源"由最初的资源（如空气和水等）、经济资源（如人力和物力等），逐渐发展到现在，随着研究的深入和人们从事的分工越来越细化，还将有更多的资源被划分出来。所以，笔者认为"资源"就是在人类社会生活和生产中，为了达到某种目的所需要的条件和因素，这些条件和因素会伴随着社会的发展不断地细化、再生和重组。

德育资源作为资源的一种，就是资源在新的领域不断细分和扩展的写照，德育资源到初中体育德育资源，则是再进一步地深入。在学校教育层面，对体育与德育我们研究了很多，尤其是在初中体育德育方面，那么什么是初中体育德育资源？

有人认为是"因素""要素"，也有人认为是"资料和能量"，还有人认为是"条件的总和"，虽然有所区别，但是大同小异，都是在说明德育资源在德育"生产"过程中的"原料"性作用。如果说学校体育德育资源应该是在学校体育中，具有相应德育价值，并且能够直接或者间接产生一定的德育效果的因素和条件，那么笔者认为可以以更直接的方式来理解中小学德育资源，即为了达成初中体育德育目标，在德育活动中所需要的、可以调动的各种因素和条件。一切有效的因素，只要能够为初中体育德育服务，只要是达到初中体育德育目标所需要的，都可以是某种德育资源。

理解初中体育德育资源的概念可知，从德育目标和德育资源的关系出发很重要。

比如，《义务教育体育与健康课程标准》（2011 年版）对我国初中体育的德育目标有非常具体的规定，这对我们理解初中体育德育资源的概念和资源的构成有非常重要的意义。一般情况下，我们可以把"德育"的维度分为思想教育和政治教育，但是在这里我们把课程标准中的体育"德育"维度分为政治教育、思想教育、道德教育、心理健康教育。各个维度对应具体的德育内容，如"丰富奥林匹克运动知识，了解现代奥运会的起源与发展，以及我国在奥运会上获得的成绩"，这样的德育内容和要求既是一种政治教育，也是一种爱国主义教育，那么与此对应的就可以是奥林匹克运动的德育资源。其他的，如"健康的生活方式和积极进取、乐观开朗的人生态度"，实现这个德育目标可能需要的就是一些体育思想资源和体育文化资源。当然，所有这些德育目标和具体的德育内容的实现，都是需要一定的物质资源作为基础和保障的，所以无论德育的形式和方法如何变化，总是需要一些物质作为载体，我们不能只有思想和文化的说教，而忘记了实际的感受远比单纯的说教更容易实现德育的目的，所以在所有的德育资源中，物质资源是基础，物质资源可能并不能直接参与或者作用于德育，但是它决定着德育实施的水平和范围，这就是常说的素材性德育资源和条件性德育资源的区别和联系。

由于"体育"与"德育"复杂的关系，在理解"体育德育资源"的时候，还应考虑到"德育内容"与"体育德育内容"的区别和联系。"体育"与"德育"都是学校教育领域对人进行有目的的培养的手段，虽然我们常常提到"五育并重"，但是"体育"的德育功能却被忽视，很多时候还是把"体育"理解为身体教育。因此，在本书中，"体育"主要是指学校体育中的中小学这个学段，是"体育"的"德育渗透"。而"德育"作为"五育之首"，其在我国学校教育中的地位可想而知，对学校德育的研究也非常多，如有研究认为我国学校教育德育内容应包含政治教育、思想教育、道德教育、心理教育、法纪教育五个要素，也有人认为是四个要素、三个要素，更有学者认为凡是与道德、品德相关的教育内容都是德育内容，如职业道德等。显然，这种认为德育无所不能、无所不包的看法是夸大了德育的范围，把德育的概念虚无化了。本研究认为，从广义上说，学校"德育"主要包含思想、政治、道德、法纪、心理教育五个要素；狭义的学校"德育"就是道德教育。

那么，"体育"能够承载的"德育"有哪些，或者说"体育"能够渗透哪些"德育"内容呢？这是由"体育德育"与"德育"的共性和"体育德育"的特性决定的，"体育"不能承载"德育"的所有内容，同时"体育德育"的内容具有其独特性。比如，1995 年，教育部颁布的《中学德育大纲》把初中的德育内容分为爱国主义教育、集体主义教育、社会主义教育、理想教育、道德教育、劳动教育、社会主义民主和遵纪守法教育、良好个性心理品质教育这八个方面的内容。有研究对我国学校教育德育内容体系进行了分类和梳理，并以此为依据，认为我国《义务教育体育与健康课程标准》（2011 年版）的德育内容分为政治、思想、道德和心理健康教育四个方面，对我国《义务教育体育与健康课程标准》（2011 年版）德育内容的分类，更多的是从体育教学和体育课程的角度进行阐述，虽然不能代表整个学校体育，但是能在一定程度上说明在中小学学段初中学校体育的一个基本情况，并且笔者认为初中体育德育内容除了政治、思想、道德和心理健康教育四个方面外，还应该包括公民教育等。

需要特别说明的是，中小学生品德的发展具有儿童品德发展的一般规律，而初中体育德育资源更多的是作为影响中小学生品德发展的外部因素。因此，对初中体育德育资源如何影响中小学生品德的发展、影响具体的过程和结果，本书不做过多的论述。而且笔者认为，初中体育德育资源及其潜在的德育价值与初中体育德育资源如何影响中小学生品德的发展、影响具体的过程和结果，这是基于不同理论基础、源于不同学科的两个层次的问题，本书只着重强调各种潜在的、隐性的及显性的初中体育德育资源，以及初中体育德育资源对中小学生德育具有的重要意义。初中体育德育资源理论解决的是初中体育德育资源的理论认识问题，而初中体育德育资源理论的实践则要复杂许多。

二、初中体育德育资源与教学资源、教育资源的关系

首先，初中体育德育资源和德育资源的内涵或者说"属概念"都应该是指一种因素或者条件，只不过"德育资源"囊括了所有的德育资源，如还有"语文德育资源""英语德育资源""数学德育资源"等，这些资源加起来的总和组成了"德育资源"。而初中体育德育资源则专门指具有体育特征、特点的，或者说是体育所独有的一种德育资源。

其次，教学资源也是一个比较新的概念，在很多书籍和论文中都有提及，但是研究的数量有限，对教学资源的认识也不够深入，很多研究把教学资源理解为"教学资源+互联网电子资源"。例如，顾名远主编的《教育大辞典》把教学资源定义为：教学资源就是支持教学活动的各种资源，分为人类资源和非人类资源，人类资源包括教师、学生学习小组、课外活动小组、旅行小组、课外辅导员、家长、社会成员等；非人类资源包括各种媒体和各种教学辅助设施。在对教学资源的界定中，也提到了"目标"，如教学资源是指在教学过程中能够促进教学能力形成，帮助学生达成学习目标，具有可用教学价值，为学生学习服务的各类教学组成要素，如师资、课程体系、学习资料、教学装备及场地等。

再如，把教学资源定义成：根据教学内容和教学目标，为支持教学活动有效开展一切可利用的素材及资源的集成和组合，是一切可以利用于教育及教学的条件集合。在这里，同时提到了教学资源的三个属性——素材、资源、条件，符合这三个属性的教学资源通常包括教材、课件、案例、教师资源、学习小组、教具等。

通过研究以上对教学资源的定义我们发现，教学资源和德育资源类似，教学有目标，德育也有目标，如果把德育当作教学中一个重要的目标，那么教学目标就包含德育目标，教育资源也必定包含德育资源，这是一种理论上的认识。当然，我们在实际中的某一次教学活动或者某一次德育活动其实都需要调动非常多的教学资源和德育资源，但是任何一次活动，无论是教学活动还是德育活动，都受到时间和空间的限制，尤其是主体"人"的限制，是不可能在有限的时间和空间内，把这么多资源包含其中的，所以这是一种理论上的认识。

再次，在《教育大词典》中，教育资源被定义为：教育过程所占有、使用和消耗的人力、物力和财力资源，即教育人力资源、物力资源和财力资源的总和，亦称"教育经济条件"。所以，教育资源的概念其实包含的资源是最少的，只有人、财、物这三种资源。

对于教育资源和教学资源，不同的学者基于不同的研究需要，有人认为教育资源是一定社会中人们可以利用的所有资源的组成部分，许多资源的属性和用途是不确定的，或者不具有专用性，当这些资源被运用于教育领域，就可能成为教育资源。而德育资源又是一种特殊的教育资源，是指对培养人的德行起作用的一切因素，也指构成德育活动和满足这一活动需要的一切因素。相对于其他教育资源而言，德育资源更具有广泛性和普遍性。这种对教育资源的定义，笔者认为更像是对教学资源的定义，不过对德育资源与教学资源的关系，我们是认同的，德育资源应该是一种特殊的教学资源，并且具有广泛性和普遍性。

仔细比较这几个概念我们可以发现，初中体育德育资源是德育资源的一种。同时，在中小学学校中，还存在教学资源、教育资源。所以分析这四个概念的关系，应该从不同的角度出发，如果说我们以教学目标为引领，初中体育课教学目标包含德育，那么这种情况下教学目标的范围最大，教学资源也应该包括德育资源，而教育资源始终参与教学和德育。应该说，即便是由一样的字词组成的一个概念，在不同的研究、不同的语境下，其含义是不同的，对概念的界定和理解应注意历史性和范围性。

对于初中体育德育资源与教学资源、教育资源的关系，我们根据不同的角度、不同的范围有不同的理解。以教学目标为引领，教学资源可以包含德育资源，这时教育资源是贯穿了整个教学和德育的。如果以一个金字塔来表示德育资源、教育资源和教学资源的关系的话，金字塔的顶层是教学资源，中间是德育资源，那么金字塔的基础就是教育资源。德育资源可以是教学资源，教学资源不一定是德育资源；教育资源可以是教学资源和德育资源，但教学资源和德育资源不一定是教育资源。

第二节　初中体育德育资源的价值与特征

对价值和特征的研究，是更加深入了解一个概念或者事物的关键一步。意义和价值是两个相互对应的概念，对价值的理解，一般从两个方面论述：一是对事物自身的价值，二是对他物的价值。意义也可以从这两个方面来理解。德育资源的分类对我们认识德育资源有很大的帮助，同时对教师在实践中运用德育资源具有重要意义。

虽然对初中体育德育资源的相关研究较少，前人对初中体育德育资源的价值和特征的研究也比较苍白，但是对德育资源的研究较多。一般来说，相关研究的研究者都会从不同的角度，并且结合自己的研究内容对德育资源的价值和特征进行阐述，这是因为"价值"是人类社会行为普遍都需要达到的一个目的，尤其是"正价值"。马克思主义政治经济学中，把商品的价值定义为"凝结在商品中的无差别的人类劳动"，并认为商品具有价值和使用价值，众多学者也基本上是从这两方面来谈论价值的。其实，德育资源也可以看作是一种德育的商品，即具有事物本身的价值和事物使用的价值。因此，本研究认为初中体育德育的价值可以分为初中体育德育本身的价值，以及对教师、对学生的价值。就其特征来说，是初中体育德育资源区别于其他资源的标志，也是了解初中体育德育资源的另一方面。本研究也将从初中体育德育资源的实践性、偶发性、多样性对此进行探讨。

一、初中体育德育资源的价值

佩里把价值定义为"与利益相关的对象"，认为"有利益即有价值"，在归纳"价值"这个概念在现代社会科学中的应用时，得出如下结论：第一，实体意义，指事物、观念具有自身内涵（这一含义与"价值"不同）；第二，相关意义，指事物、观念对他物的作用。

本研究认同以上观点，并认为"价值是什么"可以从两方面去理解，第一强调从"人"的角度出发，即只有人类社会才存在所谓"价值"；第二强调价值的对象性，价值总是相对于某一种主体而言的，对人有利的相关意义，是正价值（善、好、美）；对人不利的相关意义，是负价值（恶、坏、丑）。或者说价值的含义是多方面的，可分为天然价值、经济价值、社会政治价值、美学价值、科学价值、道德价值等。因此，面对初中体育德育资源对初中体育德育的价值，以及对中小学生的价值时，本研究从以下三个方面进行阐述。

（一）初中体育德育资源是中小学校体育德育的桥梁和纽带

无论是在中小学还是在高校，德育工作的展开、德育目标的实现总是需要一定的载体。从资源的定义中我们也可以发现，资源从一开始就是指能带来财富的来源，后来逐渐从经济学领域引入教育学，又从教育中非常重要的教育资源引申出德育资源。因此，初中体育德育资源也应该是能够带来德育效果的，是能起到桥梁和纽带作用的。基于"离身"认知观的传统德育脱离了身体力行，于是知行成了两张皮。"具身德育"主张"德之根在心，人之本在劳，二者合起来即立德树人的根本"。梅洛·庞蒂就提出，道德发端于身体之中，身体就是道德的本源。道德是用来判断身体某个行为或者信念正确与否的一种抽象概念。

（二）增强初中体育的德育效果

当前，初中体育德育的效果存在诸多问题，尤其是德育效果不理想的问题比较突出，其德育资源不充足、利用率不高就是其中一个重要原因。有德育资源的参与跟没有德育资源的参与，这在我们德育活动中的效果是不一样的，如果有充足的德育资源，利用的效率也高，那么这种情况下的德育效果最好。德行问题不仅仅是道德和价值取向的问题，更是人们遵循自身的自然、发展的自然去追寻一种美好生活的问题。换句话说，德行不仅关涉社会规训，更关涉个人福祉。

（三）保障中小学生全面发展

我国学校教育提出人的全面发展，理论依据是马克思主义关于人全面发展的学说，马克思认为资本主义大生产把人的脑力劳动和体力劳动剥离了开来，这是一种不全面的发展，是片面的发展。而我国学校教育提出"五育"的教育思想，最早是近代的"三育"，到了现代逐步扩展到"五育"。体育无论是在"三育"还是在"五育"中，都占据着重要位置。我国学校教育一直提倡"德、智、体"三育并重的教育思想，只是贯彻落实情况不太好。体育是最好的教育，同时体育也一直是促进人全面发展的重要手段。初中体育德育资源，一方面是学生"体育"发展的保障，另一方面是学生德育发展的重要保障。

二、初中体育德育资源的特征

特征是指事物可供识别的特殊的征象或标志。初中体育德育资源的特征既是指其本身的象征或标志，同时也对比了其他中小学德育资源，如语文德育资源、英语德育资源、历史德育资源等。笔者认为，初中体育德育资源有自己的特点，与其他学科德育资源相比，更具有一定的优势，如实践性、多样性等。

（一）初中体育德育资源的实践性

体育课的一个很大特征就是在室外，在运动的过程中实现德育目标，这不仅仅是一些坐在教室里面的说教，更是直接实践，所以跟很多在室内进行的课堂相对，这是初中体育德育资源的一个重要特征。众所周知，德育的实现是一个非常复杂的过程。当前，我国中小学德育出现了一些问题，很大程度上停留在说教，没有实践，教师在教室中不停地灌输，这种"大水漫灌"的德育方式存在非常多的弊端。体育德育资源让学生在实践中利用，一次集合、一次整队就是一次对学生的德育，整齐、响亮的口号就是一次集体主义的教育，在教学过程中，分组和比赛就是竞争，等等，这些都是在实践中可以直接观察的，如果谁做得不好，就是一种德育上的缺失，教师就可以立即纠正。

（二）初中体育德育资源的偶发性

正是由于初中体育德育资源的实践性，我们才看到有些中小学德育资源是偶发的，是突发的，而不是教师或者学生可以预料的。课程总是一种预备，真正的教学实施就是存在一些突发情况，体育课是一个运动的过程，是一个全体学生参与的过程，往往更容易出现一些意外。在很多研究者的文章中我们都可以看到，利用一些意外和突发事件进行德育是体育德育的一种重要方式。比如，在日常生活中我们也经常看到或者听到类似的例子，一个同学在教学或者运动的过程中受伤了，这本来是一件非常不好的事情，如果是非常严重的事故，校方可能还需要承担责任，对于这样的事件，作为体育教师可以从没有受伤的同学出发进行正面鼓励。如果是具有挑战性的，则是鼓励同学挑战自我，完成动作；如果是需要同学帮助才能完成的，则告诫同学互相帮助是完成动作非常必要的准备。同时，还可以强调，按照教师的要求、遵守课堂的规则是保障大家安全的重要手段。

（三）初中体育德育资源的多样性

初中体育德育资源有六大类，在这些大类中，还分成若干个小类，可以说，中小学德育资源是非常丰富和多样的，不仅仅有物质的资源，如场地、场馆，还有文化资源，并且在我国传统文化中也能找到。尤其是以奥林匹克运动为代表的体育德育资源，是其他所有学科所不具备的。当今世界上，奥林匹克运动受各国追捧，这些德育资源也被各个专家和学者所倡导。初中体育德育资源具有很强的广泛性和普遍性，对于想要达到德育目标的体育教师来说，只要他具有这样"点石成金"的德育艺术，那么任何情况下的任何事物都可以成为一种体育德育资源。

第三节　初中体育德育的资源及价值凸显

一、社会和学校相关主题的体育德育资源

社会主题和学校教育的德育资源，主要是指源于社会并进入中小学的德育因素，由于初中体育是学校教育的一部分，学校教育同时也受到社会的影响，因此初中体育德育资源也包括一些社会主题教育，如公民教育、安全教育等，以及我国学校教育德育的纲领性文件——《小学德育纲要》《中学德育大纲》。

（一）公民教育中的体育德育资源

1. 公民教育中蕴含的体育德育资源

公民教育始于古希腊，发展成熟于西方资产阶级社会，并逐渐扩展到更多的国家。诸如美国之类的西方国家中的"公民教育"，虽不同于我国政治、思想教育的提法，但若稍稍加以考察，便可知其所谓的公民教育实际上就是美国的政治教育、爱国主义与民族精神教育、美德教育。因而，基于这一层面，将其置于学校教育的语境下，粗略而言，公民教育本身可以约等于广义上的德育，大于狭义上的德育（即道德教育）；严格来说，虽不能完全等同，倒也有诸多交汇之处，故而可以成

为学校德育的一个重要来源。既然是学校德育的渊薮，那便顺理成章可以被学校体育德育有选择性地吸纳。

要想公民教育为德育所用，首先就得明确什么是公民教育，以及作为教育的基本形态之一，其与同为教育基本形态的德育之间的区别、联系分别是什么，方可将其加以选择地吸纳到学校体育德育之中。第一，国内学术界对公民教育看法不一，本书认为公民教育是指"公民通过学习和生活实践而建立起公民意识，具备公民素质，形成公民能力的过程"。其主要内容诸多，如美国公民教育的重要参考标准——《美国国家社会科课程标准》，着力体现"科学"特质，并勾勒出"十大主题轴"，分别是：文化，时间、连续性与变迁，人、地方与环境，个体发展与认同，个人、群体与机构，权力、权威与控制，生产、分配与消费，科学、技术与社会，全球性联系，公民意识与实践。第二，二者的区别首先表现在性质上，德育重点在塑造个体道德人格，而公民教育偏重塑造现代人的身份；其次表现在内容上，一般的道德教育比较忽视个体的自由与权利，而公民教育所关注的公民道德与前者有不同，只涉及个体与他人及社会交往中所需要遵循的准则，具有"公德"的性质。第三，二者的联系在于公民教育包含道德教育（狭义上的德育）的内容，道德教育加上公民教育中与之契合的部分便融合形成广义上的德育。所谓的契合部分，是指能够对传统的德育内容产生冲击和修缮作用，具有时代性特点的公民教育的内容。

2. 公民教育中主体意识、权利意识等在初中体育的介入

从初中体育的内在特征和现实需要出发，公民教育中能为之所用的德育资源包括以下五大意识：主体意识、权利意识、程序意识、责任意

识、服务意识。

首先，主体意识与权利意识可以放在一起说明，二者可以用于体育德育的原因主要是由于体育课中的学生作为教学的主体和对象，本身就具有主体性，拥有主体意识的学生进行课内或课外体育活动本身就是享受了一种平等的体育权。作为主体的学生应该明白的是，无论是谁都不能剥夺自己享受体育锻炼和进行身体活动的权利，这种权利不以他人的意志为转移，不因社会地位、地区和民族而有差别，因而在体育德育的过程中，主体意识与权利意识可以作为德育渗透的来源。

其次，既然谈及权利意识，那么作为孪生姐妹的责任意识也可作为一项重要的资源，与之紧密相关的服务意识也一并谈论。责任意识在某种程度上可以由义务进行模糊替换，服务于他人或社会，也可以说，是对特定的对象承担了某种责任或履行某种义务。体育作为一项育人工程，其终极目标指向人的全面发展，即形成完整意义上的"人"，学生也是一名公民，在享受了受教育权、体育权等权利的同时，履行学生的义务和责任是应然的，所以在初中体育中进行责任与服务意识的培养也是现实所需。

最后，程序意识是指主体对事物处理的先后顺序的能动意识。在学校体育和公民教育的语境中，程序意识通常是指学生或公民的头脑中对于法律法规和制度规则的反映，也是感觉、思维等心理过程的总和。体育无论是作为一种教育、规训的方式，还是一种游戏，为了创造公平环境，产生了诸多规则，如游戏规则、技术规则等，这些规则对于课堂和课外活动的有序进行起着难以替代的作用。遵守技术规则能够有效地学好技术，遵守游戏规则能够带来游戏的胜利和保证游戏的相对安全。若是违反这些规则，会产生运动损伤和带来失败等消极后果。综上而言，这些公民教育的资源介入初中体育德育是合理的。

除了上述能够契合初中体育需要的德育资源外，还存在不适宜青少年身体发展特征和与体育学科特点不符合的德育资源，如理性意识。皮亚杰曾对儿童的道德发展规律进行过研究，发现在 11 岁之前的学生处于他律期或者过渡阶段，自身还不具备理性思考的能力和条件，在这些阶段中过于强调学生的理性意识培养是不合时宜的。中小学德育不能忽视人本身的感受，应更多地关注他们的感性体验，引导其产生道德情感，形成深刻的道德体验。另外，在德育领域中过早地进行理性意识的培养，会使学生产生对于"德"的刻板认识，即认为遵守了规则就是"德"的体现和"非恶即善"，是在主体道德认知中潜藏的"合法性危机"。

（二）生命安全教育中的体育德育资源

1. 生命安全教育中蕴含的德育资源

安全是状态的一种，是指人没有受到威胁、没有遭遇危险、承担损失和遭受危害的状态。当今，人的安全问题除了受到自然灾害的影响外，还会受到人的自身因素和社会因素的影响。对于安全的渴求是人的本能和欲望。人本主义心理学家马斯洛曾提出了需求层次理论，其中安全需求成为继生理需求之后的第二层次需求，是一种低层次需求，是人最基本的需求之一。生命安全教育培养学生对生命价值的认知、尊重和保护，从此意义上讲，它又是生命教育的基础学科。而学校体育能有效地培养学生的一般运动能力，如走、跑、跳、爬、滚、攀登，以及对外部环境的适应、反应能力，而这些一般运动能力和环境适应、反应能力是逃生自救的基本技能，因而学校体育是生命安全教育实施的主要途径。

2. 生命安全教育德育资源介入初中体育

学校体育与生命安全教育在目标上的契合，与实践中的高度匹配，可以带来德育资源的纳入。在生命安全教育中，与学校体育息息相关的"德"，首先是人对于生命的正确认知和人对于生命的尊重，既包括他人的生命，也包括自身生命的完整、健康。其次是对于规则与秩序的遵守，我们当然不能说遵守了某种规则或者程序后，生命安全就一定能够获得保障，但是至少在遵循这些规则的前提下，遭受危险的可能性能够降到最低，让意外成为一种小概率事件。这也是体育课或者课外体育活动中的技术规则或者游戏规则、课堂纪律存在的意义。因此，生命安全教育中这种对于生命至上的尊崇和对于秩序规则的遵守，是学校体育能够承载并理应渗透的德育资源。

二、民族传统武术文化资源

提到我国传统文化，一般都会联想到"源远流长，博大精深"。但是对于文化的定义及我国传统文化的定义，目前还没有统一的说法。比如有观点认为，我国传统文化是指中华民族在数千年历史发展过程中所创造的物质财富和精神财富的总和，即语言、风俗习惯等。而民族传统武术（体育）文化作为我国传统文化中的重要组成部分，同样源远流长，博大精深，并且中华民族传统武术有与体育活动相关的竞赛程序、器材制作、比赛规则等内容，是我国学校体育包括初中体育进行传统文化传承及德育的重要资源。

当前，对我国传统文化的态度多是继承发展，取其精华，去其糟粕，对民族传统武术的研究则较多是在强调其传承的重要性，以及在我国学校体育领域开展的价值和意义。传承民族传统武术文化，事关民族文化的兴衰，但是我们在现实中也发现，在整个学校体育中，当然也包括中小学，继承发展民族传统武术文化及利用其德育资源的情况是不太乐观的。民族传统武术文化具有与体育活动相关的竞赛程序、器材制作、比赛规则等内容，又有与各民族的社会特征、经济生活、宗教仪式、风俗习惯、历史文化息息相关的精神内容。面对浩如烟海的中国传统文化及宏大、厚重的民族传统武术文化，我们应该在这些"竞赛程序、器材制作、比赛规则"中梳理和发掘所蕴含的德育资源，初中体育应该传承并且发挥我国民族传统武术文化资源的德育功能，调动其德育因素。本研究认为，"武德"资源是其中的重要内容。

（一）"武德"资源

"武德"应该具有哪些内容？目前为止，还没有一个比较统一的说法，不同的学者有不同的解读。"武德"作为我国民族传统武术中一种重要的道德文化，其在不同的历史时期有不同的含义。比如，有学者认为，武德包含"忠、仁、信、义、敬、礼、智、勇"，以及"侠"等九个方面的道德教育内容，这九个方面也大体概括了当前对"武德"的道德要求和规范的见解，只不过不同的学者有不同的侧重点，有些侧重于忠、信，有些侧重于义、礼。还有一些解读认为，武德应包括"尊师重道，孝悌正义，扶危济贫，除暴安良""虚心请教、屈己待人、助人为乐""戒骄奢淫逸"等。作为武德的信条，具体内容表述虽然各不相同，但是落实到具体的关系和对象时，则可以是尊师敬长、遵守规则和秩序、友爱同学等。

在现阶段，我们对武德有哪些理解和解读，武德又应该如何融入不同的社会主体的道德呢？比如，中小学进行的武德教育跟普通习武之人进行的武德教育是不一样的，我们需要加以区分，中小学应该结合初中体育的实际和现实需要，甚至应该结合时代的主题进行武德教育。

1. 武德：以"德"为先

武德把对"德"的要求放在第一的位置，注重高尚的品德。一般认为，武德主要是对习武之人的一个特殊的、额外的道德规范，也可以理解为一种"行业道德、职业规范"，因为不仅在我国，而且在国外，都有人把习武作为一种职业。但与此同时，习武也是教育的一部分，更是重要的文化活动。因此，武德同时作为一种社会规范和道德教育的内容。我国古代的教育都被称为"德育"，因此非常重视"德育"，如"德才之帅也，才德之资也"，我国儒家对人或者人生的评价一直有一种说法是："立德，立言，立功，此之谓三不朽。"

武德既有自己特殊的道德规范，同时在我国儒家社会道德评价体系背景下，也是把"立德"放在了首要位置，其内涵的提出既呼应了这种需求，本身也强调了习武先习德的一种重要价值导向。这种以"德"为先的理念，不仅表现在武术的学练过程中，还表现在对弟子及所谓"掌门人"的选拔过程中，尤其是我国武术门派和帮派林立，这种表现尤为显眼。在我国传统文化中，其实有很多发展人的身体活动，除了武术还有射、御等，这些"身体活动"跟我们现在的"体育"有一些区别，但是也有一些相同点，如强调身体活动来发展人的体能。更重要的是，我国传统文化博大精深，一些看似简单的"身体活动"其实背后蕴涵着十分丰富的德育文化内涵。德作为我国传统文化重要的一部分，也是我国传统文化的瑰宝，同时也是初中体育德育资源的重要源泉。在武术及射、御这些活动中，最讲究的便是"武德"，对"德"的严格要求延续至今。

2. 武德：谦虚与礼让

武术作为一种我国古代的身体活动，在活动的过程中包含很多武德要求的"谦虚和礼让"因素。对这些因素的认识是延续的，如在近代，国外的体育以"体操"的形式出现了，但是这样的冲击并没有改变我们对武德"谦虚、礼让"的认识。作为近代中国民间自力自主创办"西学"的先驱，王维泰认为"体操"是我国古代"习武"的"遗意"，这里的"遗意"应该是指意义，而不是遗留和传承。他认为"习武"的意义其实是出于德育的目的，即是为了教子弟"礼让之大事"，古代学习"射御"，使人"揖让进退"，学习打躬作揖、进退朝堂等宾主相见的礼仪，他把我国古代"讲武"情景描述为人们在农业生产的间隙进行"讲武"，所以可以使人理顺长幼，习惯于威严礼仪。

3. 武德："匡救其恶"、规则和秩序

民族传统武术包含一些规则和程序，这些规则和程序蕴含了重要的德育内容，在人们进行身体活动的过程中，我们可以称之为武德的内容，其中就有"匡救其恶"，即改正学生出现的恶习，重视规则和秩序教育，以及调节教师、同学之间的关系。即使到了我国近代，一些教育家在对"体操"的认识上，仍然继承了我国传统武术中武德教育"文武"相结合的思想，又注重在"体操与武术"中对学生"范以规矩，约束难周，示以威仪，从违不一"的德育思想。

（二）传统体育思想资源

1. "尚武"思想

尚武精神，中国自古以来就有。《左传·宣公十二年》载："楚子曰：'止戈为武。'"这是较早对"武"的解释，后来多视为对"武"的一种释义。从现有的研究来看，尚武精神的源头是春秋战国时期的秦国，《诗经·秦风》记载了当时秦国的社会风气——好战的战斗精神，这种"尚武"精神如果极端化或者民族主义化，就会导向军国主义甚至穷兵黩武。然而，尚武精神经过近两千年的迭代后，虽然仍然受到推崇，但是内容也不仅仅局限于军事层面了。鸦片战争后，近代中国就曾经出现尚武的社会思潮，孙中山就十分提倡尚武精神。

体育传承"尚武"精神的历史也非常悠久。"武术"作为我国民族传统体育，其承载着尚武精神。不仅在我国古代，到了现代，美国、俄罗斯、日本等国也在不同程度上推崇"尚武"精神。对尚武的具体内涵，有研究认为"见义勇为"就比较恰当，也有研究认为尚武精神是以爱国主义为核心的刚健有为的精神，还有研究认为尚武精神除了以上这两种理解以外，还包含与时代相结合的"强军"精神。

对初中体育德育来说，"尚武"德育思想资源应该主要是崇尚身体和精神有"力量"，个人和国家有"力量"。这里的"力量"更多的是指一种状态，个人身体和精神的"力量"指的是精神阳刚或者是刚强，身体的力量则是显而易见的；个人和国家有"力量"，则是指个人和国家的奋发向上等。

2. "品德"教育思想

人格和品德有时候也合称"人品""品格"，但是品德这个词在我们的道德教育中更加常见，这里"品德"教育泛指人格和品德。在我国传统体育思想中，蔡元培首倡"健全人格，首在体育"，清华大学的体育特长班创始人马约翰先生作为首个倡导"无体育，不清华"之人，一生致力于体育发展，旨在将体育发展成为学生的热爱，并使得学生终身受用，不仅仅在体魄，还在品格的教育。他强调在竞技体育中应该注重体育人自身养成的道德素质。由于竞技体育涉及身心等方面的对抗与较量，频繁出现因为争输赢而违背体育竞赛的规则的情况，打破了正常的体育竞赛伦理原则。因此，他还在日常教学中一再教给学生"可以输球，但不能输道德"的体育品德。马约翰先生作为清华大学的体育教师，十分重视开展体育运动与体育教育的重要性。

近代教育家、体育思想家马约翰先生受自然主义体育思想的影响，加上其先后两次出国留学的原因，对国外先进的体育学学科及相关学科有了更深层次的认识，也更加坚定了"体育是教育的重要因素"这一观点。

1925 年，马约翰先生在其硕士留学期间，在《体育的迁移价值》中一再说明自己与 Williams（威廉）对体育目标的看法是如出一辙的，两人都认为体育的机会是均等的，且每个人都可以获得体育运动的机会，并为体育目标而不断奋斗，这种体育运动的机会在行动上可以对体格有益处，能够造就强大的心灵。1934 年，他在其体育论著中进一步阐明了体育教育和体育发展的急迫性，认为体育是教育最重要和最有效的方法。而在体育教育中，马约翰坚持要求学生一定要养成"体育精神"，如对体育项目的尊敬、体育运动过程中的坚持不懈。马约翰先生十分注重体育道德的培养，用体育的要求传播德行的重要性，并培养学生的思想品德，树立正确的人生观、世界观和价值观。将体育的价值从身心迁移到社会，拓展了体育的普及价值。

清华大学校长蒋南翔在任职的 14 年期间，为清华大学的体育发展铸就了一道"风景线"。他的很多学校体育教育思想与马约翰先生的"体育增强体质健康"不谋而合。1952 年，蒋南翔担任清华大学校长，并提出了"锻炼身体，劳动卫国""人人锻炼，天天锻炼"的口号，极力奉行马约翰先生的体育教育思想及提倡学生养成"清华精神"。

三、竞技体育德育资源

（一）奥林匹克运动精神

奥林匹克精神具体分为奥林匹克运动精神、竞技体育意志品质和竞技体育道德品质三类。以"更高、更快、更强"为代表的奥林匹克运动精神，以及奥林匹克运动中体现的公平、竞争、顽强拼搏、尊重裁判、尊重对手、团结协作等精神品质，是我们在初中体育教学中可加以利用的德育资源。奥林匹克运动大型赛事的举办，其中蕴含多种价值，是重要的德育资源。以"北京奥运会""南京青奥会"为代表的大型奥林匹克运动会具有重要的德育价值，对学校及社会都是一种重要的德育资源。

奥林匹克运动精神体现在运动项目中，如以篮球、足球、排球为代表的团体性运动项目。篮、足、排作为中小学校园最为普及的运动项目，属于集体攻防运动项目，不仅需要个人技能，更讲究团队合作，这就要求每一名成员都应该具备一定的责任感、使命感和归属感，从而在训练和比赛中发挥出团队的智慧和力量。因此，这些竞技项目能够有效地培养学生勇于拼搏、顽强竞争、果断机警等意志品质及团队协作意识。

（二）竞技体育意志品质与道德品质

竞技体育发源之初，并没有现在这样的繁荣景象，而是以田径项目为主，田径因此被称为"运动之母"，也是体育精神的最好诠释。在竞技体育运动的大家庭中，存在一些比较枯燥和乏味的项目，正是因为这样，可以磨炼中小学生的意志品质，可以培养学生勇敢、果断的意志品质，树立战胜困难的信心。在很多田径运动中，如跳高、跳远，一些动作需要学生勇敢果断才能完成，在这个过程中形成乐于交往、勇于自我展示的意志品质，以及乐于帮助的良好学风。通过强调树立安全保护意识，可以让学生学会主动关心他人和集体，强调团队合作学习，体验成功的乐趣。在一些枯燥的耐力跑学练中，学生的兴趣激发显得尤为重要，虽然枯燥，但是可以培养学生勇敢顽强、锲而不舍、团队合作的优良品质，以及拼搏与坚持、竞争与合作的校园体育精神，甚至可以培养学生良好的审美意识。

竞技体育运动是十分注重道德品质的，如公平、礼貌、遵守规则、尊重裁判和对手等。一场体育竞赛就是这些资源最好的体现，在中小学校中，学生参与了这样的比赛，能够更好地受到熏陶，从而形成这些道德品质。作为初中体育教师，组织这样一场体育竞赛也能在这个过程中对学生进行德育。

学校体育作为我国学校教育中的重要组成部分，同时也是学校德育的重要组成部分，在学校德育和"立德树人"的根本任务中始终扮演着重要的角色，体育的德育功能和价值也被人们所称道。近现代以来，著名教育家蔡元培首倡"完全人格，首在体育"，说明体育在学校德育中具有重要的、独特的和不可替代的作用。

第七章　率性教育理念下初中体育
教学设计研究

第一节　基本概念界定

一、率性教育

"率性"即遵从自己的本性、顺应自己的天性来做事情的态度。率，即顺从、遵从之意；性，即人的本性、天性。《中庸》开篇"天命之谓性，率性之谓道，修道之谓教"中的"率性"也是取此意。何为"天性"？天指的是"自然、苍天、客观规律"，命是"给予、赋予"，自然给人的就是性，性的概念也就不难理解，这是一种与生俱来的能力，是最原始本真、没有被施加人为影响的能力或者性格。率就是"直率、率真、按照"的意思，跟着性格的自然趋势发展就是"道"，道等同于"规律、本源"，教等同于"修道"。同时，这也说明了率性乃是教育、教化所修行的基础。在此中国传统智慧的基础上，结合现代教育理念的办学方针，一些学校在校内推广了"率性教育"的办学理念。概括来说，"保护天性""尊重个性""培养社会性"即为率性教育理念的核心词汇，其主旨就是为了创设一种让学生主动参与的教学过程，能够培养学生自我归纳总结的能力的学习过程，保护学生天性、尊重学生个性、培养学生社会性是率性教育理念的最终目的。

《"率性教育"：建构与探索》是论述"率性教育"的系统性著作，于伟在其中提出，"教育要遵循儿童身心发展规律，深入探索有根源、有过程、有个性的率性教学"[①]。由此可知，教师在教学过程中遵循知识经验、能力知识的基本发展规律，并充分结合儿童成长的发展规律和不同阶段的不同特点来促进儿童的成长，即为率性教育的中心理念。

同时，于伟还认为："基于儿童的认知特点，应该在教学过程中倡导有过程的归纳性教学。人类认知世界的过程，是从个别到一般的过程，科学的诞生过程也是如此。6到12岁的学龄儿童，思维正处在从直观操作到具体形象，再到抽象逻辑的一个发展过程。还有一个特点就是他们对世界的认识是从外、从实物、从动作一步一步进展的，也是一个由观念到心理的过程，这同时也是一个艰难的转化过程。"[②]

因此，要将率性教育理念落实到具体实践操作，教学团队就必须要着重打磨三种方式——情景具象、操作体验和对话省思，这是率性教育理念的实践外延。教学始于情景具象，也始于个别和个体的经验。情景具象就是要让教师有目的地将知识的情境还原到最初状态，将抽象的东西具象化地呈现出来，让学生的学变得更加生动具体。情境还原和具象教学都只是教学的起点，最终的目的还是要使学生的思维达到形式化、

① 于伟."率性教育"：建构与探索 [J] .教育研究，2017（05）：25-34.
② 于伟."率性教育"：建构与探索 [J] .教育研究，2017（05）：25-34.

符号化和抽象化的效果。

因为儿童的思考和对世界的认知离不开体验、操作及活动，所以学生获得的过程是动态的而不是静态的，是具体的而不是抽象的，一定要让学生自己摸一摸、试一试、看一看，可听、可感、可触、可看，形成一个现场的感官世界，运用多种感觉器官，在不知不觉中将教师所讲的知识融入脑海形成知识储备，让其亲自体验操作，才更有可能让其理解。儿童哲学的核心要领体现在对话省思方面，这样一种教学方法在归纳教学的方法上强调了学生的社会性学习，以及与实现自我、他人和文本对话的渐进过程。

二、初中体育教学设计

体育教学设计是体育教师在从事课堂教学工作前预设的体育教学活动方案。就体育教学设计工作本身来说，它具有系统性、灵活性、科学性和艺术性等特点。教案设计也就是通常说的备课，是体育教学设计的核心环节，也是体育教学设计的具体产物，是体育教学设计指导体育教学过程的具体体现。教案是以课时为单位设计的实际教学实施方案，是课堂教学活动的重要依据。通常包括班级、术科项目、上课时间、课的类型、教学目标、教学方法、教学内容、时间分配、教学媒体的使用等。教案主要考虑的是"教"的方案，而不是"学"的方案。体育教学设计则关注"学"的方案，它并不仅仅局限于得出一套针对某一教学内容的教案，而是需要对教与学的各个方面进行系统分析，提出教学方案，并不断修正方案，是一个连续的、不断提高改进的过程。

初中体育教学活动受到明确的目的、丰富的内容、复杂的对象、多变的环境、多样化的场地器材、固定的时间，以及其他多种因素的影响，要想在诸多因素的影响下取得令人满意的教学效果，优质高效地达到预定的目标，就要对其进行全面细致的安排和巧妙的设计。因此，初中体育教学设计无论是在初中体育教学理论上，还是在初中体育教学实践中，历来是得到高度重视的。

第二节　率性教育理念提出前初中体育教学设计中的不足之处

一、对教学对象个体关注度低

在率性教育提出前的体育教学设计中，教师在进行课前课程安排的时候，往往都是将学生作为整体进行考量。在教学过程中，也是将学生捆绑在"整体"这个大概念上进行具体教学。

每个学生对于体育的理解能力和领悟能力都是不一样的，学生身体素质不同，甚至每个学生对体育课程中每个项目的喜好程度也存在不同。除此之外，性别差异、个人团体差异在每个学生身上都表现为不同的倾向性。比如，女生倾向于踢毽子等运动幅度较小的项目，而男生则更倾向于足球等运动幅度较大的项目，所以如果课程的设置仅仅是整体捆绑教学的话，就会忽略很多学生的运动兴趣，更会存在学生在体育课上的兴趣不高、参与度不强的情况，甚至导致一些学生直接拒绝参与体育学习，而选择围在一起聊天、在外围观看的极端情况。如此，更会出现一种身体素质上的"优者更优、弱者更弱"的趋势，那么学生学习体育技能和知识的目的就只在于应付体育考试了。

有些学生在理解和掌握时会表现得快一些，有些学生在这个过程中则表现得比较慢一些，如果教师在一节课有限的时间里只关注理解较快的学生的话，也会挫伤理解较慢的学生的积极性，从而打击学生的自信心。从长远的角度来看，需要注意的是初中体育教学设计在人生观和价值观中的塑造作用。因此，将学生作为一个整体来考虑，不仅会制约一部分学生前进的脚步，也会导致部分学生在没有掌握上一个知识点的情况下，又被迫学习新的提升性内容，而对于新内容的学习也会被对之前所学内容掌握不牢的情况所牵绊，从而在学生中间出现"旧的没掌握，新的学不好"的恶性循环。

二、教学目标设置存在局限性

率性教育提出前的初中体育教学设计，实质上采用的是一种重最后结果、忽略其间过程的设计方式。部分教师对于课程教学目标的设定局限在教会学生掌握课程规定的体育技能和知识，对自身在教育中的角色定位仅仅是"传递者"的角色，而不是"培养者"的角色。

"为了教知识而教知识"的状态，直接导致率性教育理念提出前的初中体育教学开始变得死板，也逐渐背离了体育教学目标的本质。像某教师所说："率性教育提出前的体育教学课堂以教师为主导，强调教学过程的秩序，学生欠缺对体育知识技能的主动掌握和理解。"

三、教学内容设计缺乏针对性

现行体育教材的编写内容只涵盖了内容、方法、建议、错误及应对方法及评价要点等几个方面，没有给出这个内容单元的课时安排，和每节课的具体内容、步骤、教学用具，分工不够细致，过于笼统。对于这样的情况，大多数教师在进行具体教学时，都是按照自己对教学的理解和自己的教学经验来制定每节课的教学内容的，导致教学的过程"仁者见仁、智者见智"。

这种基于自身理解和经验所制定出的教学内容，主观性较强，连续性较差，不利于对学生进行科学的系统培养，而且还有可能会出现在更换体育教师之后，教学内容没有更换或者是180度大转弯，可持续程度降低，从而出现不同年级段的学生认为自己在学习相同的体育知识或是学习毫无关联的体育知识，进而出现浪费学生精力和时间的情况。

第三节　率性教育理念下初中体育教学设计的
特征及创新

一、率性教育理念下初中体育教学设计的特征

结合前述初中体育教学设计的现状和对初中部分体育教师的访谈可以看出，初中体育教学设计在率性教育理念下体现出了不同于以往和不同于其他学校的一些特征，总结而言主要有下述三点。

（一）融入游戏，加强趣味性

率性教育的三大基本要求之一就是"保护天性"，这一点在率性教育理念下的初中体育教学设计中也有所体现。

率性教育的核心，同样可以概括为三句话，第一是保护天性，第二是尊重个性，第三是培养社会性。在率性教育理念下的初中体育教学设计中，在充分理解率性教育"保护天性"的要求下，进而充分考虑到体育游戏在体育教学中的重要作用，并通过教案这样的具体形式，将体育游戏融入体育教学设计之中。例如，在耐久跑的教案中融入"龟兔赛跑"的游戏；在立定跳远的教学中，融入"寻找青蛙"的游戏，等等，都是率性教育理念下的初中体育教学设计所做出的实践。率性教育理念，即倡导顺应儿童的"童年之美"，反对过度约束儿童，主张保护儿童的天性。这也是对率性教育理念中的"保护天性"特征所进行的又一总结。

（二）注重分层设计，保护个性

率性教育理念下的初中体育设计所具备的尊重学生差异性的特征，是建立在率性教育理念中"尊重个性"的基础上的。对于率性教育理念的这一特征，有的教师认为，特别注重学生的个体差异，尊重学生的主体地位。因为在实际教学情况中，每个学生对体育知识的理解能力和领悟能力都各不相同，部分学生理解和掌握体育知识的速度快一些，而部分同学则会在这个过程中表现得慢一些。

在过去的体育教学活动中，都是以"整体的教学进度"作为参考标准对学生进行要求，将学生看作一个大的整体，而不是一个个小的个体。对于尊重学生差异性在课堂中的体现，正如某教师所说："课堂上更有层次性，原有的整齐划一的教学方法已经不再适合现在的课堂，将原有的教师集体教学转化为学生体验学习、自主学习、自主探索，对学习更加有兴趣。"在率性教育理念下的初中体育教学设计中，开创了全新的学习进度模式。学习进度模式是指教师将学习目标分解成几个不同层次的具体目标，学生按照自己的学习程度确定学习进度。这样一种模式的确立，可以让学生在自己真实的掌握情况和水平层次上得到效果明显的提升。

（三）培养社会性的合作意识

"善用学习共同体，培养儿童社会性。在以往的教学模式中，师生对话是课堂的主体，在课堂学习共同体中，生生互动对话才是主角。"正如某教师所言，率性教育理念下的初中体育教学设计，将学生的社会属性培养放在一个较高的位置上，主要集中在对于学生的自主精神培养、合作精神培养、规则意识培养和责任观念的培养上。这种初中体育教学设计特征是对于率性教育理念中"培养社会性"的实践。

在具体的结构设计上，初中体育课堂更多地融入了让学生进行自主互动的环节，在课堂上较为充分地给予了学生交流互动的空间，如学生与学生联手完成体育游戏来学习体育知识、学生之间互相监督对方动作是否标准等，将课堂结构从原有的"教师—学生"转换为"学生—学生"。

二、率性教育理念下初中体育教学设计的思路创新

初中体育教学设计的特征反映了初中在体育教学设计的思路上有了一些创新之处，主要思路创新有三个方面：一是将根源性的哲学思维融入教学设计里面；二是重视人的客观生物属性；三是努力构建新型的课堂关系。

（一）根源性的哲学思维融入，丰富教学的目标

在马克思主义哲学观中，哲学拥有着可以对具体科学进行指导的地位。从哲学视角看待问题时，实质上是一种从上至下的俯视过程，从这样一种视角对问题本身进行审视时，正如我们在山的高处向低处看风景时一样，山的高度可以为视线打开更加广阔的空间，从而对那些挡住视线的死角予以规避。再者，中华文化博大精深，源远流长，我国古代在哲学理论方面的发展在整个人类社会是处于先进水平的，这也是五千年来历史积淀的结果。

归纳总结的智慧潜藏在中国人的传统文化之中，中国人对世界的认识过程就是一个从个别到一般的归纳过程，这样一个归纳过程体现了很强的观察能力。"象思维"一词便很好地概括出了中国人思维中所具有

的分类特点。中国汉字就充分地体现了象思维，这与源于拉丁文、表音的西方音译文字系统很不一样。汉字源于图画。象形字的读音是它所代表的语素转嫁给它的。文字在中国文明的繁衍进化中起到至关重要的作用。为什么我们现在还可以无差别解读几千年前的甲骨文？甲骨文就是一种出现在兽骨和龟甲上的文字，因为中国的文字是象形文字，象形文字又是一种通过图形演绎的文字，因此中国造字法的本源也为象形造字法，证明中国的文字及文明源起都是可以追本溯源、有章可循的，以致今天的我们还在使用指事、会意、假借、转注等造字法，也同样是建立在象形文字基础上的。

从宏观角度上说，国家的文明文字脉络有其从具体到抽象的演变过程，那么教学过程的发展始终、儿童认识世界与归纳的过程与中国人的这种思维有天然的相似性，中国人所拥有的文化传统是一种顺从人性的文化系统。所以，我们现代的教在教育学生继承先祖的知识经验，更是在继承先祖的传统思想。就现实而言，也只有这样，才能让儿童真正成为学习的主人。

率性教育理念正是采用哲学的视角，并采纳了中国传统的哲学思想和思维所提出的理论。正如之前的比方，一个好的视角可以看到更加动人和完整的风景。因此，率性教育理念在理论层面的重大创新之一就是改变了看待教育问题的视角。

儿童哲学的不断发展和完善，是率性教育理念得以继续发展和不断完善的先决条件。在由东北师范大学与东北师范大学附属初中联合举办的第二届儿童哲学与率性教育高峰论坛中，与会学者们通过参考欧美发达国家及结合中国本国具体国情后，认为批评思考力、创造思考力、关怀思考力、交往沟通力、团体合作力是儿童哲学教育要实现的主要目标，而从儿童哲学来对具体教育进行考量的优势也在于承继了哲学的对话传统，以培养儿童的"批判精神"和"创造精神"为核心。

在吸收中国传统哲学思维的基础上，又充分融入了儿童哲学在近现代的发展成果，更好地在理论层面规避了教条主义原则的错误，对原有的应试教育模式所具有的不足之处进行了思维角度方面上的弥补。初中体育教学设计，其教学目标也因为受到上述哲学思维的引导而发生了本质性的改变，不再单以教学生特定的体育动作和体育知识为目的，而是在进行体育动作和体育知识教学的同时，让学生自身体验到体育活动本身的乐趣，并在这个过程中对学生的社会性加以培养。

（二）重视人的客观生物属性，强化差异性教学

率性教育理念中的"保护天性""尊重个性"充分考虑到了现代人体结构的生物属性，也将现代人体结构的生物属性作为理念制定的一个重要出发点，这在原有的应试教育体制中是很少见的。

而在原有的教学设计中，最为忽视的就是人脑之间在具体的生物属性上就存在的差异，而学生则是进行统一化的教育。人类归根结底是一种生物，所受到的生物性制约是不可避免的，所以从生物属性角度出发来考虑问题也是一种回归问题原始本质的做法。特别是在体育教学领域，这是一门需要学生充分调动自身身体的学科，受到人类生物属性的制约也会更加明显。人类在不断进化的过程中发展出了自身的一套从幼儿到成人的成长周期表，这套成长周期表较其他哺乳类动物的最大特点就在于时间周期长，也正是因为这样一种特点，人的生长过程和最终"社会人"的形成结果就会受到更多体内和体外因素的影响。鉴于人类

大脑的独特作用，导致每个学生主体上都存在差异，包括兴趣爱好、对内容的接受速度、对事物的注意力等多个方面。率性教育理念的提出，则是很好地考虑到这些因素，在编辑教育设计的同时，不仅不局限于教育学科，还吸收了近现代的生物学科发展成果，故其可以得到更为完备的理论体系。

同样，在率性教育理念引导下的初中体育教学设计方案，充分考虑到了上述这些生物性差异，在实际的教案中我们也可以看到"差异化教学""针对性教学"这样的字眼出现。

（三）努力构建新型课堂关系，提升学生主动性

我国在过去的历史发展阶段中长期处于农业社会时期，这样一种经济基础，也决定了社会上普遍的家庭关系结构，所以在中国古代家庭中，家长拥有绝对的权威，所传输给孩子的一种价值判断也更是其必须要遵从家长的决定。随着这样一种思维惯性不断延展和强化，形成了家长或是成人习惯于用命令的口吻或居高临下的角度来对孩子进行教育的局面。

到了近代，虽然很多西方的家庭教育价值观念开始传入中国，但传入的力度和广度对于中国的庞大人口基数和家庭数量来说，影响是微乎其微的，中国传统家庭所持有的角色观点在部分家庭中仍具有主导地位。但在新中国成立及改革开放后所带来的知识普及与经济发展中，越来越多的家庭角色关系开始发生转变，也有越来越多的家长开始注意到孩子自身的个人想法。

率性教育理念正是在这样一个大环境下提出来的。率性教育理念认为，儿童是有自己的天性的，他们可以形成自己的哲学、自己的艺术、

自己的逻辑，他们会以各种各样的方式将他们的独特想法呈现出来，像是通过向成人询问或是在家里的墙上涂画等形式。成人不能将儿童的这些想法视为无关紧要的，甚至是为成人自身增添麻烦的，而是应该去接纳儿童的这种天性和行为。在以往的教育教学活动中，成人将自身设定成一个知识生产商的角色，而儿童是这个生产商刚刚进入的市场，他们忽略了市场本身的客观需要和实际条件，只是选择去一味地脱离市场，随心所欲地主观臆断生产。在经济生活中，我们知道的客观事实是，只有当生产的商品真正符合市场需求时，商品才可能实现它本身的最大价值。

率性教育理念正如同为教育教学制定了正确的生产原则一样，这项原则要求的是根据儿童的自身特点和天性来生产，改变原有的角色设定，使成人和儿童站在一个对等的平台上，这样一种角色设定，才更有助于初中教育的开展。在率性教育理念引导下的体育教学设计中，我们可以看到课堂角色分布较之以往的改变，教师在课堂中所占的决定性和引导性地位比重正在慢慢下滑；反之，则是学生在课堂中地位的提升，学生的主体性地位日益显著，将率性教育理念重新建构在教育教学活动中，重新审视成人与儿童之间的关系。

第四节　率性教育理念融入初中体育教学设计
实践中的改进路径

判断一套理论体系的正确与否，关键在于检视这套理论在实践操作过程中能否实现所构想的效果和带来应有的价值。而对于率性教育理念下的初中体育教学的理论，鉴定其正确与否的关键点也同样在于实际操作层面的客观效果。因此，对率性教育理念中保护学生天性、尊重学生个性和培养学生社会性的主要观点进行充分结合，再配合初中体育教学操作性强等实际特点，我们可以从实际的教学层面切入三种区别以往的教学方式。

一、融入体育游戏，释放学生天性

根据率性教育理念中保护学生天性的主张，初中体育教学设计在实际操作层面的创新则是突出游戏在教学环节中的作用。在原有的教学模式下，学校普遍形成了轻视体育课程的情况，个别的学校甚至出现了挤压体育课的课程时间进行其他学科的学习这样的一种状态和心理，在直接和间接层面上均压低了学生对于体育课程学习的兴趣。

首先，在体育教学中融入体育游戏是调动学生学习热情最为行之有效的办法之一。小孩子都是热爱玩耍的，这也是小孩子之间的一个共同特性。换句话说，没有小孩子会拒绝游戏。那么，何不用人为的规划来设计体育游戏，让学生可以在享受游戏欢乐的同时又学到新的知识呢？

例如，将"口号接力冲冲冲"的游戏融入接力跑环节的教学之中，在教师对学生拥有一定程度的了解之后，根据班级内学生性格的不同，将学生打乱进行组别划分，让已经充分融入课堂的学生带动还未充分融入课堂的学生。完成分组后，教师对学生进行相关知识的讲解并且亲身示范，以及讲解游戏规则。在游戏过程中，先让各组内部制订长度相等的口号，小组内所制订的口号要分为上下句，其次要让各个小组的同学有规律地分布在整个跑道上，再由各个小组进行选择，分别首发一人在跑道起点处进行跑步，当首发的小组成员开始跑步后，到第二个同学面前进行"对口号"的游戏，只有上一棒的同学顺利地接出下一棒同学的口号时，第二棒才可以跑出，之后各棒的交接也以此类推，最后率先跑完整个路线的队伍取得胜利。在这个游戏过程中，可以充分调动学生的竞争意识和集体意识，每一个孩子在这样一个过程中都会将口号记在心中，因为每个孩子都不想在自己这里接不上口号，导致小组整体的不利。

其次，游戏的形式可以是多种多样的，这是一个永无止境的概念，也是一个不断随着时代进步而发生改变的概念，教师们可以根据自身对于学生兴趣的了解，以及在日常与学生的互动和沟通中，设计出更加有趣、更受学生欢迎、对于调动学生学习热情更加有效的游戏，从而进行日常教学。同时，体育游戏的加入可以提升学生对整个教学过程的兴趣，以改变对体育课"只是无聊地重复同样的动作"的刻板印象，让学生自身更加积极主动地去学习体育知识与技能。

二、细化分层教学，保护学生个性

率性教育理念中的"尊重个性"，其本质上是一种对于中华传统文化中所强调的"因材施教"教育观的体现，其中最为强调的就是尊重学生之间的差异化现象，承认并且接受这种差异化现象的存在。根据这样一种观点，初中体育教学设计在实际层面的创新则应该将着重点放在个性化教学层面的革新上。

在以往的体育课堂中，都是由教师占据整个课堂的主要地位，甚至是主导地位，而学生处于次要地位，处在一种被动的位置。这样一种课堂角色分布，导致在课堂上出现了"教师教什么，学生就跟着学什么"的情况，课堂的教学进度也行使着统一的标准，在这个过程中，做出最大牺牲的便是学生个体。

根据率性教育理念中"尊重个性"的思维导向，每个学生所擅长的点不一样，接受新知识的能力也不一样，有的学生可能学长跑学得很快很好，但在学立定跳远的时候则相反；而有的学生学立定跳远学得很好很快，但在学长跑的时候又出现相反的情况。这样的情况在日常体育教学中并不少见，因此每个处于一线的体育教师对这种状况也并不陌生，但却没有任何可以改变这种现状的办法。根据学生对某项体育项目不同的接受能力和存在差异的身体素质，进行每一个体育项目的分层教学，则可以较好地满足"尊重个性"这一主张。

例如，在立定跳远的教学中，体育教师首先运用课堂上前十分钟的时间进行基本动作和注意事项讲解，并亲身演示动作规范。在讲解和示范的环节完成后，教师划定出一个科学的距离标准，并让每一个同学进行实际跳远的操作，教师在学生跳远的时候负责记录成绩，以记录下来的成绩及每一个同学的动作规范程度作为对学生的具体考察标准，并用此套标准对学生进行分层，完成程度较好的学生划分进入第一层，完成程度一般或较差的学生划分进入第二层。

在分层完成之后，教师再根据每一层的实际情况进行"点对点式"的教学，对于第一层的学生进行拔高或巩固式教学，使其更好地完成立定跳远的动作；而对于第二层的学生，教学的着重点在于基础性教学，使其达到课程标准。当然，这种分层教学的模式是一种具有高度概括性的模式，这个模式不仅局限在立定跳远这个单独的体育项目上，还可以充分运用在长跑、短跑、俯卧撑、游泳、篮球、足球等其他体育项目的教学上。从效果上来看，将这样的一种分层教学模式与之前传统的体育教学的"大一统"模式做对比，分层教学可以更为充分地考虑到学生个体之间存在的差异，并根据这种客观上存在的差异进行适当的补足，以更好地做到"因材施教"，也更好地避免了课堂重心单一地倾向于程度较好或程度较差的学生，更好地维持了课堂重心的平衡。

三、鼓励学生互动，培养其社会性

教育的目的在于为社会培养有用的人才，这样一种目的是建构在社会这个大的概念之下的。根据这样一个终极目的来说，学校是培养学生走入社会的第一站。而对于率性教育中所提出的"培养社会性"的子教育理念，于伟在其文章《率性教育：建构与探索》中也同样指出其目的在于"为学生未来成为合格公民奠定价值基础"。

首先，社会性的定义是很宽泛的，它不是一个单一且特定的概念，而是一个十分具有包容性与概括性的概念，内容分别包含了责任意识、竞争意识、集体意识等多个方面的独立概念。正如在"尊重个性"的实际融合小节中写到的实际情况一样，在传统的体育课堂上，应试教育的思维控制了整个课堂，教师所拥有的绝对权威地位，促使其掌握了整个课堂的行进方向，而学生这样一个被动角色在课堂沟通的过程中只是与教师进行单一的互动，这种互动的通道也是极为狭窄的，更多地偏向于传播学概念中的"魔弹论"，这是一种有关媒介具有强大效果的观点。它的核心内容是：传播媒介拥有不可抵抗的强大力量，它们所传递的信息在受传者身上就像子弹击中身体、药剂注入皮肤一样，可以引起直接速效的反应；它们能够左右人们的态度和意见，甚至直接支配他们的行动。在传统课堂之中，所采用的教学模式就是类似于"魔弹论"的知识传播过程。

其次，现在中国的许多高等院校分别推出了"互动课堂"的概念，特别是在本科教育中进行了推广与普及的工作，这样一种互动思维的具体呈现方式是对课程班级的学生进行随机分组，教师直接给各个课堂小组布置任务和课题，让学生在互动讨论的过程中对于课程内容进行学习。当然，在这个过程中，最终目的为更好地促进交流。这样一种交流正是培养学生社会性的一种方式。高等教育推出"互动课堂"概念的现象，从侧面反映出我国现今在初中阶段缺乏对学生社会性教育的培养，这也是应试教育造成的必然结果，教师直接的知识传授省时省力，可以更好地完成日常考试，但却没有达到教育的最终目的，即为社会培养有用的人才。

归根结底，率性教育作为一个从初中教育出发的教育理念，在此时提出"培养社会性"的教育构想，是极具创新价值和现实价值的。而体育作为应试教育体制下受到轻视的学科，再结合其形式灵活等课程特点，也是推动教育理念更好革新的一个课程平台。前面所提及的"互动课堂"理念，是完全适合于走进初中体育教学课堂的。例如，在跳绳的项目学习中，教师先进行统一的讲解和演示，再将学生按照一定人数和成绩标准划分成若干学习小组，并告知其最后的游戏比拼环节的内容与规则，这里举例的游戏实例为"跳绳接力跑"。在布置任务之后，小组内同学将会进行协商，协商的内容为如何针对游戏进行组内的合理分工，在这样一个协商过程中，会在各个小组内形成一个类似于"小社会"的环境，组内的每个成员都会充分考量自身的特点和组内其他成员的特点，并进行安排，使得小组可以在最后的游戏比拼环节中发挥最大效能。

因此，细致分析这个大环节中的每一个小环节对培养学生社会性有很大的作用。首先是在课程最后设置的游戏竞赛环节，充分调用学生的好胜心理，这种对其好胜心理的满足是建立在小组内部合作基础之上的，这种结构性作用再加上心理因素的促使，使学生得以认识到要想在最后的游戏过程中取得胜利必须依靠集体合作，只有依靠集体的合作，才有可能取得游戏环节的胜利，这样一种认知可以充分地培养学生的集体意识与合作意识，而集体意识与合作意识同时也都是社会性教育最基本的培养方向。

总的来说，在体育课堂上为学生创造可以进行沟通的平台，打破原有的单一课堂传播结构，是将率性教育中"培养社会性"的理念融入实际层面的重要方式和基本方式。相较于率性教育理念下体育教学设计的推广，更重要的是率性教育和初中体育教学设计融合性的问题，想要加强两者的融合，必须从两者的根源处寻找契合点。率性教育是一个符合普遍价值观的教育理念，而体育教学设计是专业性很强的教学实践。两者之间的关系，应当是理念与实践之间的关系，但是实践也可以反过来影响理念，在率性教育下，初中体育教学设计在创新的过程中必然会发现许多新的问题与领域，体育教师可以更加主动地予以调整与探索。只有这样，率性教育才不至于僵化，体育教学设计才不会重回老路。

第八章 初中体育教学伤害事故预防和 处理机制研究

第一节 初中生体育教学伤害事故的理论阐述

一、体育教学概念

（一）学校体育

学校体育是指以在校学生为参与主体的体育活动，通过培养学生的体育兴趣、态度、习惯、知识和能力来增强学生的身体素质，培养学生的道德和意志品质，促进学生的身心健康。学校体育是教育的重要组成部分，是计划性、目的性、组织性较强的体育教育活动过程。

（二）体育教学

体育教学是学校体育教育中最主要的教学载体，是指教师按照预定的教学计划及体育课程标准，开展以学生为主体的有组织有计划的传授体育知识、教授教育技能的过程。体育教学的参与主体主要为体育教师和学生，体育课程的任务是教师通过既有的备课计划向学生传授体育知识，增强学生体质，引导学生提高体育技能，培养学生体育道德等内容。体育教学是学校体育教育目标实现的最基本形式，体育不同于其他学科，其开展场所具有多样性，不仅是指教室或操场，也包括能够开展体育活动的其他各类场所和能够使用各类体育教学器材的环境。

体育教学是一个动态的过程。长期以来，体育课上的安全问题成为体育教学首要关注的内容。而如何在组织好体育教学的内容、实现体育教学目标的前提下，使学生安全有序地进行体育活动，增强身体素质，是每一位体育教师必须提前思考的重要问题。没有详细的教学计划和周密的体育教学安全预防措施，将会直接影响到学生的身体安全，可能会发生各种类型的体育伤害事故，轻则影响学生的心理和体育教学课堂的稳定，重则造成学生残疾，甚至影响学生的生命安全，给体育教师、学校及学生家庭带来巨大的负面影响，严重阻碍正常的体育教学。因此，如何科学合理地预防体育教学伤害事故发生是每一位教育者必须思考的问题。

二、体育伤害事故

（一）学校体育伤害事故的定义

体育伤害事故是在体育活动中发生的造成活动者或相关人员人身伤害或死亡的意外事故。

学校体育伤害事故，指在体育教学中或学校组织的其他体育活动中发生的造成学生身体损伤的各类事故。学校体育伤害事故的发生具有不确定性，如在体育教学、课间操、体育比赛和其他体育活动中等，同时，伤害具有各种形式，如体育教学器械造成的身体伤害、体育活动技能不熟练造成的伤害等。

（二）学校体育伤害事故的类型

学校体育伤害事故具有多种类型，总的来说主要有三种：一是在学校开展的正常体育教学活动中，由于各种原因发生的学生身体上的伤害事故；二是由于学校的管理原因造成的学生在体育活动中受到的伤害；三是由于体育教师在教学过程中的不当行为，或不当使用体育教学器械对学生造成的身体上的伤害事故。

三、初中体育教学伤害事故的基本特征

（一）多变性

初中体育教学中发生的伤害事故具有多变性特征，这种多变性表现在体育教学伤害的发生与初中生的年龄有一定的联系。调查发现，初中不同阶段的学生在体育教学中所受到的伤害的类别不尽相同。初一年级的学生在体育教学中常常会发生身体某些部位的轻微擦伤，这是由于初一年级的学生还未完全脱离小学阶段体育教学的形式，反应能力较慢，肌肉的力量较小，因此在体育教学中发生的伤害事故以跌倒和相撞引起的轻微性擦伤为主，受伤害部位主要是膝关节和上肢。

到了初二年级，体育教学中的各种伤害发生率较为平衡。初中三年级学生的身体力量、肌肉能力及心理等已经发生了较大的变化，体育教学中的项目也更为多样，由此造成学生在体育教学中受到的伤害以肌肉拉伤、扭伤等为主。这个阶段的初中生崇尚力量，喜欢各类具有一定对抗性的球类运动或其他激烈运动，在对抗过程中也容易发生撞伤、骨折等伤害。从受伤者的性别来说，发生体育伤害事故的男学生明显要多于女学生，这与男生天生好动、喜欢对抗性项目等特征有极大的关系，也

与体育教学中男生参与的体育项目激烈程度有很大的关系。

(二) 隐蔽性

体育教学伤害事故的隐蔽性特征主要表现在体育教师在开展教学活动中无法预测伤害事故的发生。受应试教育的影响，初中体育教学活动基本不被学校或家长关心和关注，对于体育教师的培养没有一定的标准，缺乏高水平和高素质的体育教师人才，特别是在一些偏远地区的学校，具有专业能力的体育教师更加匮乏，很多体育教师甚至是其他任课教师兼职，教育主管部门极少能够开展针对体育教师能力的培训。因此，教师知识的匮乏导致体育课伤害事故具有隐蔽性。而学生自身的因素，如思想上不重视、身体素质差、过度疲劳、争强好胜、不认真遵守教学常规（运动时穿便服、皮鞋）、运动前的准备活动不充分、安全意识薄弱等也是体育课伤害事故发生的重要原因。

同时，由于我国初中生基数较大，很多学校班级人数较多，大班额现象普遍存在，使体育教师不能够在体育教学中做出针对性教学，大范围、普遍性的体育教学活动也容易对个别初中生体育课发生伤害事故形成一定的隐患。这些隐患在正常的体育教学中常常被人忽视，也凸显出一定的隐蔽性特征。

(三) 客观性

初中体育教学伤害事故的客观性特征主要表现在，客观环境能够对体育伤害事故形成一定的影响。这种客观环境包括体育活动的场所质量及体育教学各类器材的安全性等方面。据有关调查显示，70%以上的体育场所和体育教学器材存在一定的安全隐患，主要是开展体育教学的活动场所条件较差，如地面不平整、地面沙化严重、防护措施不到位、体育器材老旧、维护水平不足、教学器材的更新频率较慢等。总体来说，农村初中的体育场地和器材的安全系数要远低于城市学校。体育场地和教学器材的这种客观因素受到教育投资和学校经济能力的影响，更多的是当地教育主管部门和学校对体育教学的重要性认识不足、安全性意识有所懈怠造成的。

（四）项目性

初中体育教学伤害事故发生的项目性特征主要表现为各种体育项目的伤害事故发生呈现出一定的规律性。按照《义务教育体育与健康课程标准（2011 年版）》的规定，初中体育教学的内容包括足球、篮球等球类运动，也包括田径、体操等其他体育项目，同时有条件的学校还开展了野外活动等课外体育活动项目。从体育伤害事故的发生频率来说，较容易产生伤害事故的体育教学项目主要有：野外活动、足球、篮球、体操、田径等。

现在的初中生在家庭的温室环境中成长，缺乏基本的生存技能，因此野外活动中自身的能力较弱，容易受伤。篮球和足球等球类运动是同场对抗性较为激烈的体育项目，体育赛事和电视节目影响了很多初中生，他们特别喜欢足球与篮球运动，在对抗过程中由于学生力量和肌肉控制力不强，也容易引起伤害事故。还有一些运动项目本身就存在一定的风险性，如单杠、双杠、平衡木等，这类体育项目需要学生有较强的身体素质和较好的技能，由于做这类项目时要离开日常生活中所习惯的地面，学生在没有掌握一定的体育技能之前做这类项目，很容易造成跌倒、肌肉损伤等伤害事故。田径运动姿势不正确，也容易造成扭伤、摔伤等伤害。此外，还有铅球、标枪、跨栏等有器械的技术性项目，在练习中容易给学生带来伤害。

四、造成初中体育教学伤害事故的主要因素

如果我们把体育课看作一个系统的话，那么它就是由教师、学生、场地器材、体育活动环境共同组成的。因此，初中生体育教学事故的发生并不是孤立存在的个体原因所导致的，而是由一些综合因素所导致的系统反应。可见，伤害事故的发生不仅取决于人的因素，还取决于体育器械和活动环境等各种因素。

（一）人的因素

1. 身体因素

初中生的身体处于成长阶段，由于生活习惯、家庭教育，特别是学生自身的身体因素的不同，不可避免地会出现不同的情况，体育伤害事故的发生也存在身体上的客观因素，特别是一些身体疾病，如先天性心脏病、骨质疾病等，原本不适合于体育运动或者自身的伤病还未痊愈，在教师或者学生自身都不知情的情况下进行体育活动时，这种不安全因素就会成为伤害事故发生的直接诱因。

2. 行为因素

行为因素表现在教师或学生在体育教学中是体育活动的主体，他们的行为能力是造成体育教学伤害事故的主要因素。对教师来说，教学的目标是否明确，教学过程的方法和手段是否科学，在学生体育活动过程中监管是否到位，教学时有无正确的防护意识，等等；对于学生来说，能否按照教师的要求做好体育运动，在课程中是否能够正确地保护自己，是否能够听从教师的劝导不做危险动作，等等，这些行为都影响着

体育伤害事故的发生。

3. 心理因素

人的心理因素虽然不是体育伤害事故发生的决定因素，但也是造成体育伤害事故的诱因。由于初中生的自我控制力不成熟，在发生一些心理变化的时候不能够有效地控制身体行为，在这种情况下进行体育课程的教学，极容易分散初中生在体育活动过程中的注意力，在心神不宁的情况下，容易做出不当的体育活动行为，从而导致体育教学伤害事故的发生。

（二）场地器材的因素

一些学校不能够定期对体育教学场地进行平整和维修，导致场地不平，使学生在体育活动中极容易发生扭伤和摔倒等事故。体育器材由于年久失修不能及时更换，缺乏经常性的检查，也容易使学生在使用体育器材的过程中发生伤害事故。

（三）环境的因素

在进行体育教学活动时，由于各种环境问题未能被学校和体育教师注意，使其引起一些体育伤害事故也在所难免。例如，高温环境下进行体育教学容易引起学生的中暑甚至晕厥，冬季在室外进行体育活动时学生的身体机能不能够调整到最佳状态，容易引起抽筋，地面结冰容易引起摔跤等事故的发生。在体育教学中，突发性的地震、暴雨等自然现象，是学校和体育教师不可控制的，但是同样能够引发体育教学伤害事故。

第二节　初中体育教学伤害事故的发生和处理

一、常见的初中体育教学伤害事故的发生及原因

(一) 运动中腹痛

在初中体育教学活动中出现的腹痛症状，是一种较为常见的轻微伤害事故。初中生在运动中腹痛主要发生在田径运动，特别是中长跑和球类项目中。这类腹痛的原因有很多，如学生在课前饮食不健康、不合理引起胃部不适，在体育教学的过程中发病导致腹痛，在体育活动中运动强度较高引起腹部肌肉疼痛，也有在体育活动中腹部受到撞击等原因引起的腹痛。

(二) 肌肉痉挛

体育活动中的肌肉痉挛被我们称为"抽筋"，是由在体育活动中肌肉无法受到个体控制形成的一种强直收缩的现象，肌肉痉挛的主要表现为肌肉突然僵硬，痉挛部位较为疼痛，关节部位的伸屈功能受到影响等。初中体育教学中引发的肌肉痉挛，主要有小腿腓肠肌的肌肉痉挛及足底屈指肌的肌肉痉挛。引发肌肉痉挛的主要原因：一方面，在于体育教学活动开始前的准备工作不足，课前准备不能够达到肌肉拉伸和适应体育活动的状态，从而使肌肉连续过快收缩，产生疲劳引起痉挛；另一方面，是由于天气过于寒冷或身体过度疲劳、电解质损失过多等引起肌肉痉挛。

（三）晕厥

体育教学中，初中生发生晕厥具有突然性，为暂时性失去行动能力和知觉。发生晕厥的主要原因在于过度紧张，或因不正当的剧烈运动引发脑部供血不足导致暂时缺氧。具体表现为，在运动或静止时突然失去知觉倒地，暂时性感觉全身无力，眼前发黑，有时伴有耳鸣、恶心、出汗等症状，主要是精神高度紧张，血压过低，胸压和肺压增加，严重时可导致暂时性休克。

（四）脑震荡

脑震荡是由于脑部受到突然撞击致使脑神经被震荡而引起的脑内意识暂时丧失的障碍性表现症状。脑震荡属于一种轻微的急性闭合性损伤。体育教学中的脑震荡往往是头部在一些剧烈的运动中遭受突然撞击所引起的，如在足球、篮球等运动中，脑部被对方肘部、膝部撞击，或不小心撞到其他坚硬物体，引起短暂性昏迷，伴有头昏、耳鸣等现象。

（五）关节脱位、骨折

关节脱位是在运动过程中受到外力作用，使关节面之间失去正常的联系所造成的，俗称"脱臼"。骨折是在过于剧烈的运动中身体某个部位的骨头出现损伤，使其完整性遭到破坏。骨折有多种类型，一般分为闭合性骨折、开放性骨折和复杂性骨折。体育教学中经常出现关节脱位和骨折的情况，主要由在运动过程中间接的外力所导致，如在摔倒时肘部关节先着地，或肩部关节先着地容易引起关节的脱位。在剧烈运动过程中，胳膊、腿部、胸部等受到猛烈的撞击，容易引起骨折。

（六）猝死

猝死是体育教学中最为严重的伤害事故。体育教学中的猝死原因较多，既有先天性疾病如先天性心脏病等原因，也有低血糖、熬夜、劳累或者受伤后未经注意造成的猝死等情况。猝死也有多种类型，如心源性猝死、肺源性猝死、噎食性猝死等。

二、初中体育教学伤害事故的处理

（一）初中体育教学伤害事故的处理原则

一是及时救助原则。学生在体育教学中发现伤害事故发生时，应当及时报告在场的体育教师或校医，遇到一些紧急情况还应当及时报告学校领导。接到伤害事故发生的消息后，教师或校医应当立即赶到现场，在了解伤者情况的前提下，对受伤的学生通过医学手段进行治疗急救，如遇到重伤或不能判断的情况，应及时拨打救护电话或送往医院，并联系学生家长或监护人到达急救现场，参与事故处理的过程。

二是生命第一原则。在体育教学中发生伤害事故后，一定要将受伤学生的生命健康和安全放在首位，无论有什么疑问或情况都要先通过专业的急救和抢救手段进行救助。

三是实事求是原则。发生体育教学伤害事故后，在确保学生生命健康的前提下，要本着实事求是的原则了解伤害事故的发生经过，查明事故发生原因，并做好有关记录和保护现场，以便于相关证据的采集，有利于在事故处理过程中形成客观的结论，相关人员必须实事求是地上报事故发生的情况，不得隐瞒事故发生的真相和原因。

（二）发生重大体育教学事故的处置

如果体育教学中发生较为重大的教学事故，体育教师必须首先进行伤者抢救，接着第一时间向校领导报告，相关人员必须迅速到达现场进行救护，并及时拨打救护电话送就近医院进行治疗。同时，学校应该立即向教育主管部门和政府报告，逐级上报事故发生的情况。学校和政府应当立即组成伤害事故应急处理小组，开展救助工作。同时，联系学生家长尽快到达现场，了解和掌握事故情况，控制局面，阻止事态发展，并研究事故处理的具体策略，组织力量并全程指挥其他各职能人员投入工作，密切配合医疗机构对事故进行处理。认真执行上级教育行政部门和政府部门的有关指示。负责事故的调查、分析和处理，查找原因和追究责任。配合医院的救治工作并追踪了解伤情或病情动态。接应赶到医院的家长，做好家长的安抚工作，防止出现情绪过激。要及时保护好第一现场，以便于相关部门采集重要信息，有必要时要做好对学生的疏散，稳定师生情绪，检查隐患，确保师生的生命健康和安全。

（三）初中体育教学伤害事故处理的责任分析

初中体育教学伤害事故发生，可能会涉及学校、教师与学生等各方面的因素。对于伤害事故责任分析，应当本着尊重客观事实、具体原因具体分析的原则，科学合理界定，明确各方应当承担的法律责任。在处理初中体育教学伤害事故的过程中，不能单方面地将事故原因归咎于初中生本人，而应全面分析事故的责任。这样既有助于保护初中生的合法权益，也有利于加强学校自身体育教学的安全意识，有利于防止相应事故的再次发生。

教育部在《学校伤害事故处理办法》（以下简称《办法》）颁布后，在内容上基本能够明确作为学校责任主体的责任范围。按照《办法》的规定，以下原因引起的体育教学伤害事故，必须由学校承担相应的责任："学校的场地、公共体育设施，以及学校提供给学生使用的学具，教学和运动设施、设备不符合国家规定的标准，或者有明显不安全因素的；学校的安全、消防、设施、设备管理等安全管理制度有明显疏漏，或者管理混乱，存在重大安全隐患，而未及时采取措施的；学校组织学生参加教学活动或者校外体育活动，未对学生进行相应的安全教育，未在可预见的范围内采取必要的安全措施的；学校违反有关规定，组织或者安排学生从事不宜学生参加的体育运动或者其他活动；学生有特异体质或者特定疾病，不宜参加某种教学活动，学校知道或者应当知道，但未予以必要的注意的；学校教师或其他工作人员体罚或者变相体罚学生，或者在履行职责过程中违反工作要求、操作规程、职业道德或者其他有关规定的；学校教师或其他工作人员在负有组织、管理学生的职责期间，发现学生行为具有危险性，但未进行必要的管理、告诫或者制止的；学校过错行为或者体育教师在履行初中的职务行为过程中有过错行为，致使学生受到伤害。"

初中体育教学伤害事故的法律责任的承担需要有四个方面的主要条件：一是责任主体有主观过错。作为学校和体育教师来说，在主观的行为上存在一定的过错，其中包括故意类的过错和过失类的过错，如体育教师在体育活动中故意通过一定的行为致使学生受到伤害，或未能加强在体育活动过程中的监管，直接导致学生在体育活动过程中受到伤害。二是在客观上体育教师存在违反意愿的行为。例如，体育教师的情绪不稳定，对学生存在恶意的惩罚等手段引起伤害事故发生。三是造成事故发生的损害结果。例如，在体育教学中，教师对学生存在明显违法的惩罚行为，或学校在组织体育活动过程中未能对学生提供安全保护，致使学生的身体或精神受到伤害并使这种伤害成为事实。四是学生的伤害结果与学校的主观行为之间存在因果关系。

体育课伤害事故发生的归责原因，《中华人民共和国侵权责任法》第三十九条中也有明确的规定，具体为："限制民事行为能力人在学校或者其他教育机构学习、生活期间受到人身损害，学校或者其他教育机构未尽到教育、管理职责的，应当承担责任。"初中生一般年龄都较小，是限制民事行为能力人。学校在组织体育活动或教师在实施体育教学过程中，如果因未能尽到相关义务和职责造成体育教学事故，则应当承担应有的法律责任。

无须承担责任的情况即免责事由，由于学生自己或第三方责任行为引发体育伤害事故，则视情况不需要由体育教师或学校承担责任。这种情况一般有三种类型：一是学生的风险自负情况，学生在已经认知事故可能发生的范围内，在教师劝解后或不知情的情况下，仍然自愿产生不合理行为，致使自身发生事故的，则学校或教师可以不用承担责任。二是第三方过错行为，由于第三方故意或者过失对学生产生了伤害行为。三是由于不可抗拒力因素、意外因素引起的伤害结果，在学校或体育教师已经尽力做好安全措施的前提下发生的伤害事故，如地震等，则学校或教师可以免于承担责任。

第三节　完善初中体育教学伤害事故处理与
预防机制的策略

一、增强体育教学伤害事故的风险意识

体育教师在教学中应当加强学生对伤害事故的风险意识。要在课前帮助学生树立良好的安全意识，在进行体育课项目训练时，明确告知学生体育项目的危险性，使学生能够端正学习态度，遵守课堂教学纪律，消除伤害事故发生的主观因素。要明确强调在体育教学中的各项纪律，特别是衣着和运动鞋要有明确的规定，不许学生随身佩戴具有危险性的物品，不违反课堂纪律，不追打嬉戏。体育教师要用自身的行为举止来影响学生。在体育教学中，体育教师也要利用一些现有事例对全班学生进行批评教育，积极指出体育活动中的错误行为，提高学生对伤害事故的风险防控意识。同时，体育教师要清醒地认识到在体育教学活动中，学生既是受教育的对象，也是教育活动的主体。由于初中生自身生长发育的特殊性，每个学生的身体素质都不尽相同，存在较大的个体差异。因此，体育教师在课前必须对学生的不同身体状况有所了解。在制定教学计划时，应当有针对性地分别准备，特别对于男生女生，要制定不同的教学方案。对于一些强度较高、较为激烈的体育项目，教师应量力而行，做好教学的风险规避；对一些有身体疾病的学生，教

师要单独制定适合其身体发展的体育项目，避免因剧烈运动而引发更严重的伤害事故。

二、提高体育教学的安全预防效率

（一）正确认知体育课程设计的意义

体育课程的设计是实现体育教学计划和教学目的的重要手段。现代体育与健康课程的设计标准明确指出了体育课程是实行素质教育、培养德、智、体、美全面发展人才的重要途径。因此，要正确认知体育课程设计的意义，体育课程设计要坚持"健康第一"的指导思想，以促进初中生健康成长。体育课本身就是以体育实践活动为主，同时初中生活泼好动，因此体育活动中出现磕碰擦伤等情况的概率较高，体育教师因此承担了较高的教学风险。

有的学校为了保证学生的安全制定了一系列比较僵化的政策，影响到正常体育教学设计的理念，也出现了因噎废食的现象。很多学校为了确保学生安全而减少了体育教学的室外活动时间，一些教师在设计体育课程时，将讲述变成主要方式，反而将体育活动的实践变成次要方式，这种单一僵化的设计方式，不仅压制了学生参加体育课的积极性，也不利于增强学生体质和贯彻落实"健康第一"的指导思想。因此，体育教学的设计既要让学生在体育锻炼中增强体质，也要增进学生健康，把体育教学的伤害事故发生率降到最低。

（二）合理进行体育教学准备

新课程标准要求初中体育教学要有所改革，在具体内容中提到要根据学生的不同特长进行分组授课，以便于学生感兴趣的体育项目能够扩大教学范围，逐步淘汰不适合于当前体育教学的内容规定。体育教师事先要对学生进行安全教育，要通过各种渠道在体育教师同学生之间建立积极的伙伴关系，增强在平时的交流和指导中的自由性理念，加强体育教师之间的合作和沟通，分享体育教学准备的各项经验。在体育教学实践活动的准备阶段，要提升初中生对体育教学活动的积极性，可以将准备活动同游戏相结合，增强体育课前准备的多样性，教师可采取游戏的手段或微型比赛的方式，使学生迅速进入体育的准备活动当中。对于体育项目中容易发生事故的身体部位，要随时进行检查，适当地做一些力量训练。根据初中生的生理特点和学识水平，科学地、有步骤地进行体育教学准备，遵循由易向难、由简到繁的教学原则。课堂上，要高度重视安全教育。组织分组教学时，教师要有高度责任感，切忌课中擅自离开教学区，对易发生的事故要有预见性地加以防范，要落实安全措施。要求学生穿运动服上课，身上不能带有小刀、钥匙等锋利硬物，不要佩戴胸针等饰品，上课要听指挥，严禁学生嬉戏打闹、任性蛮干、动作粗野、违反运动规则和体育道德的行为。体育教师可以利用体育理论课，向学生传授一些安全常识和运动损伤急救的方法。

（三）适度确定教学内容

初中体育教学的内容安排应当以初中生的身体实际为主。体育教学课程大纲明确了各个阶段的体育教学项目的具体类别和教学方式。要严格按照大纲要求，结合学生的身体素质和实际能力，确定教学内容。在体育教学中，好的教学方法不仅会提高学生对体育活动项目的积极性，还能够培养学生的学习规律，避免发生体育教学事故。在教学实践活动中，要组织和管理好学生，科学合理地使用体育器械，应当避免有学生围观，以防止体育教学伤害事故发生和扩大。

（四）科学设计体育课程

科学的课程设计是实现一堂有质量的体育课所必备的基础。体育教师应当结合本节课程所教授的体育项目的特点与初中生身体实际，合理选择教学手段和教育方法，做好保护措施。在课前要安排好准备活动，使后备训练的顺序和力量都能够逐步进行。体育教学的技巧性训练，要按照学生的身体能力量力而行。对体能较好的初中生而言，可以适当地加大练习难度；对于身体素质较弱的一些同学，则可以安排一些基本的练习以便适应。同时，在课堂建设中要不断鼓励学生增强面对困难的信心，训练他们在室内学习的注意力，以达到更好的教学效果。

三、提升体育教师处理常见事故的技术能力

在体育教学中，要提前对班级中初中生的现实情况进行排摸调查，详细了解每个人的病史情况，特别是患有不适于体育运动的心脏病等疾病的学生，防止因体育教学过程中的活动导致病情再次出现状况，引发伤害事故。体育教师也应当掌握一些常见疾病的治疗方法，以及运动损伤的急救措施，确保在教学过程中遇到伤害事故时能够率先科学合理地展开救助，以缓解受伤学生的痛苦，有利于进一步加强治疗效果。

（一）腹痛

在课堂体育活动过程中，如果出现运动时腹痛的现象，应当让学生立即减缓运动，降低运动强度，调整呼吸节奏，用手按摩疼痛的部位。一般来说，稍事休息后，腹痛的情况会有所减缓。如果发现腹痛十分剧烈或反而加重，应当立即停止体育活动，教师要及时护送学生到校医室

口服止疼药物，如仍然无效，应当及时送就近医院。运动中对腹痛的预防，要遵守科学适量的活动原则，提前做好体育教学的活动准备，循序渐进地增加强度。在平时，要加强学生身体的体能训练，提高腹部肌肉的机能，要注意在饭后一个半小时之后才能开展体育活动，运动前不宜吃得过饱，也不宜过多饮水，特别在开展中长跑时，教师要引导学生能够合理按实际情况分配速度，在胃病未彻底治愈之前，不应当进行剧烈的体育教学活动。

（二）肌肉痉挛

肌肉痉挛俗称抽筋，通常来说是体育教学活动中症状较轻的一种情况。一般来说，只要向相反的方向慢慢进行按摩和牵引，就可以使肌肉痉挛的情况得到缓解。注意在按摩和牵引过程中要用力均匀缓慢，以免造成肌肉拉伤。在体育课的教学活动中，特别是足球、篮球、长跑等运动项目中，常见的是腓肠肌的痉挛，体育教师需要协助学生伸直膝盖，同时用力将踝关节背伸，配合局部的按压揉捏等方法，基本上能够缓解疼痛。

需要课前做好充分的肌肉拉伸准备，特别是在天气寒冷的冬季，更要注重对肌肉痉挛的预防。对于经常性地发生肌肉痉挛的情况，学生应当在运动后补充电解质和维生素，在过于疲劳时不宜进行剧烈的体育运动。

（三）晕厥

对于体育教学中发生晕厥的情况，教师应当立即将晕厥的学生头部稍低放平，松解衣领，用热毛巾擦脸，从足部开始向心性重推按摩，同时要点掐人中穴、百会穴等穴位。如果学生出现呕吐的情况，要将头偏向一侧。一旦发现晕厥时呼吸停止，应当及时进行心肺复苏抢救，并立即拨打急救电话或送就近医院。对于晕厥的预防，教师平时要引导学生加强体育锻炼，提高心血管的机能。在平时教学中，教师要加强对晕厥情况的预防措施教导，如久蹲后不宜立即站起，要缓慢地站起；急速跑步后不要立即停顿，应当继续慢跑，同时调整呼吸。当出现晕厥征兆时，应当立即低头或躺下，在饥饿和空腹时不能参加体育活动，长时间地进行剧烈的体育运动如长跑等应当及时补充含糖饮料。有低血糖的同学更应该注意，避免此类情况的发生。

（四）脑震荡

体育教学中，如果初中生脑部受到外力的撞击引起脑震荡，应当使学生处于较为舒缓的体位，同时不能随意移动或摇晃头部。轻微的脑震荡，学生疗养即可。观察受伤者的呼吸脉搏和生命体征，如果昏迷在五分钟以上，或脉搏呼吸逐渐减弱，以及口鼻有积液或血液，意识不清，双眼瞳孔不对称或变形，则应当立即拨打急救电话送往医院进行抢救。

（五）关节脱位、骨折

关节脱位或扭伤在初中体育教学中一般常见于肩关节、膝关节、踝关节和肘关节等四个部位。关节的扭伤是用力过猛或劳损所致，在体育教学中如发生关节扭伤的事故，体育教师应当立即引导学生停止运动，并实施处理措施。

单纯韧带扭伤可采用冷敷，加压包扎。24 小时后，可采用理疗、按摩和针灸治疗。

急性腰扭伤：运动时因腰部受力过重，肌肉收缩不协调，或脊柱运动超过正常生理范围而致伤。轻度损伤，可轻轻按揉。症状严重，应立即让患者平卧，并用担架护送至医院进行治疗。处理后，应睡硬床板或腰后垫一枕头，使肌肉、韧带处于放松状态。24 小时后，可施行按摩。

踝关节扭伤：通常因起跳落地时身体失去平衡，使踝关节过度内翻或外翻，场地不平或动作不协调等也可造成踝关节扭伤。扭伤后，伤处肿胀、疼痛、皮下出血。如果疼痛剧烈，不能站立行走，则可能发生骨折。伤后应立即冷敷，最简便的方法是用冷水冲洗，随后立即送医院诊断治疗。如果发生关节的脱位，可以通过正确的技术手法使关节复位，如果教师不能够确定，应当送往医院进行关节复位治疗。对于关节的脱位和扭伤的预防，教师首先要加强体育课前的准备活动，其次要检查学生的服装，特别是运动鞋穿着是否科学，在运动过程中避免剧烈的撞击，提高学生在运动场中的注意力，同时加强骨质营养，合理膳食。

发生骨折的情况表现为：皮下淤血，骨折处立即肿胀，伴有剧烈疼痛，肢体会立即失去正常功能，教师应当立即对骨折部位进行简易固定，避免骨折部位再次发生位移，同时立即送医院就诊。例如，骨折严重并伴有出血和神经损伤及休克等现象时，应当先点按人中穴，进行人工呼吸和抢救，同时送医院检查治疗。

（六）猝死

预防体育教学中猝死的发生，首先，学校和班主任要及时掌握每位初中生的身体情况，在开学之初必须要求家长将学生的身体情况，特别是学生患病的情况详细告知学校，排查特殊体质学生，建立学生的健康档案，加强学校同家长的联系。其次，体育教师应当在课前对每位同学的身体情况进行筛查，特别是甄别不适宜体育活动的学生，谨慎安排体育教学活动，随时关注每位同学的上课状态，要求学生不能在体育教学中吃零食，遇到身体不适的情况及时停止体育教学活动，并采取必要措施，确保学生身体安全。

四、完善学校体育运动伤害事故处理的机制

（一）明确体育伤害的责任内容

初中体育教学发生伤害事故的原因是多方面的，由此形成的责任承担主体需要进一步确定。根据不同的伤害原因，通过分析和判断能够确定什么样的主体承担什么样的责任。按照主体不同，体育伤害的责任内容主要包括学生承担责任、教师承担责任和学校承担责任三种类型。

初中生自身承担的责任主要在于初中生在进行体育教学活动时，未能有效听从体育教师的授课安排，擅自进行一些危险的体育活动，或是不能够掌握在体育运动过程中需要的基本常识，特别是在使用一些体育器材的时候，没有采取正确的使用方法，由此造成的体育教学伤害事故主要由初中生本人承担责任。

教师承担的责任主要是指体育教师在教学中，由于管理不善，未能够对学生进行体育教学活动的安全教育，没有按既定的教学计划和教学内容进行正确的教学，未能有效地引导学生正确使用体育器械，未能够在体育教学活动过程中对学生实行有效的监督管理，以及在发生初次体育伤害时体育教师未能及时抢救或通过错误的方式抢救，再次造成学生受到伤害，这些情况需要教师承担主要责任。

学校承担的责任主要是指学校未能够落实体育教育的安全制度，学校未能够对体育教学活动的场所和体育教学器械进行有效的维护，在组织各类体育活动时没有形成良好的秩序，导致学生在体育教学活动过程

中出现意外等情况，则需要由学校承担主要责任。

（二）提高体育教师法律责任意识

由于体育教学中发生伤害事故的频率要远高于其他学科的课堂教学，因此对于体育教师来说，首先应当积极学习一些相关的法律法规，特别是要有针对性地学习各种伤害事故处理的法律条文及司法解释，以及教育部颁布的《学生伤害事故处理办法》等，牢固树立体育教学中的安全责任意识。体育教师要清楚地认识到在体育教学中，伤害事故的发生应当以预防为主。在教学过程中，如果发生体育伤害事故，在法律责任认定过程中，如果存在任何不科学、不规范的体育教学活动，都会认为体育教师存在过错，将直接影响到教师与学校承担责任的轻重。这就要求体育教师首先要规范自己的教学行为，在教学前要认真按照教学大纲与体育课程标准制订适合初中生身体和年龄特征的教学计划。在开展体育教学活动前，要对教学场地、教学设备、教学器材进行仔细检查，及时维修或更换有危险性质的老旧设备器材，完全排除不安全的因素。

其次，教师要事先了解授课学生的基本情况，特别是个别学生有无特殊疾病、学生的体质情况和潜在的一些危险因素。这既是体育教学的基本要求，也是法律要求体育教师应当尽到的责任义务。由于这些因素导致的初中生体育教学伤害事故，则会给学校和教师带来较大的影响。

最后，要在体育教学中严格执行各项体育教学纪律，确保体育教学的教学原则和教学技能能够被学生所接受，体育课前要先检查学生的衣着，有无携带硬物，做好体育教学的准备活动。在做一些容易发生伤害事故的体育项目的练习时，要特别注意保护和帮助学生。

只有警钟时时敲，使学生保持警惕，才能防患于未然。总之，在体育锻炼中，教师应建立防范伤害事故的意识，排除一系列可能导致伤害的因素，经常对青少年学生进行防伤害教育，同时加强医务监督工作。这样，就可以最大限度地避免体育伤害事故。

（三）做好伤害事故的事后处理工作

在体育教学中，如果发生伤害事故，体育教师要在第一时间赶到现场，采取科学的方法进行事故的处理和抢救。同时，要及时向学校相关的领导汇报事故发生情况。如果发生较大的伤害事故，体育教师要立即联系医院进行抢救，并立即联系校方领导和班主任，尽快通知受到伤害的学生的家长赶到学校或医院。同时，学校应当立即报告当地教育主管部门，配合司法机关做好调查取证的准备工作，查明事故发生的原因，并及时确定相关责任人和证明人，这些做法既有利于对受伤学生进行抢救，也有利于在事后进行法律定责时，获得第一手的证明资料，对学校以后安全制度的制定和责任的落实有一定的促进作用。

五、保障学校各种体育基础设施的安全性

教育部门要特别重视体育基础设施的建设，定期组织技术人员对学校的场地器材和体育器械进行技术安全鉴定。不合格、不达标的体育场地和体育器材，应该暂停使用。教育部门应和体育部门联合制定体育基础设施建设的帮扶政策，加大对学校特别是条件较为落后、资金较为紧张的学校体育器材和基础设施的建设力度。

依照《实施义务教育必备办学条件基本标准》的要求，教育部门应当用好财政部门为当地学校拨付的专项财政款项，以便于学校维修体育场地，更新体育器材，提升体育器材和用具管理人员的能力，制定对体育场所和器材进行日常检修和保管的制度，排除发生体育伤害事故的危险因素。

六、完善体育教学伤害事故风险防控体系

（一）建立学生安全责任追究制度

建立针对体育教学伤害事故的安全责任追究制度，是完善其风险防控体系的首要任务。作为针对教育主体所处的法律地位，及其发生伤害事故后应承担的法律责任进行合理确认的一种制度，其建立过程中既涉及有关伤害事故的法律法规，也包括保护未成年人的法律法规及教育相关的法律规章制度。学校科学合理地建立保障初中生的安全责任追究制度，能够使防范工作的责任具体到人。在体育教学中发生学生伤害事故后，学校要理清学校、教师及学生当事人的责任。轻者，要对责任人分别进行批评教育、停职再教育、调离岗位等处分，以起到教育本人、引起重视、严防事故再次发生的作用。对于造成人员损伤或死亡的重大恶性事件，应当按照《中华人民共和国民法通则》《关于贯彻执行〈中华人民共和国民法通则〉若干问题的意见（试行)》《教育法》《学生伤害事故管理办法》等法律法规进行公平处理，追究当事人的法律责任。

（二）增强体育教学纪律管理

初中体育教学与其他的教学环境具有明显的差异性。作为一种动态活动的教学过程，体育教学需要较大的活动空间，受各方面条件的干扰因素较多，而作为教学对象的学生本身就具有活泼好动的性格，因此体育教学容易出现秩序上的问题。

首先，增强体育教学的纪律管理，使学生在有序的状态下接受体育

教学活动，才能确保学生在体育教学中有一个安全的学习环境。对于正处于成长发展中的初中生来说，严格的体育教学纪律能够限制初中生在体育活动中做出出格的行为，以防发生各种意外。体育教师应当对不同的学生提前制订出具有针对性的教学预案，特别是一些过于活泼好动和个性较强的男生，更应该加强监督管理。对于球场中发生的争强好胜、抢占体育器械等行为，体育教师应该及时制止，并对学生进行批评教育，同时在课前与学生达成沟通的平等交流关系。对于初中生的认识特点来说，体育教师往往使他们感到轻松和快乐，在开放的环境中，师生之间也容易建立没有隔阂的情绪交流习惯，使学生在体育教学中更能倾听体育教师的正确建议，为维护纪律提供更好的心理帮助。对于屡次违反纪律的学生，体育教师可以通过一些措施进行惩罚，树立教师在学生中的威信，使学生在教师的监督下自觉遵守纪律。

其次，按照学生情况形成分组分类的纪律管理和教学模式。体育教师要熟悉教学班级中每个学生的实际情况，针对不同学生的性格特点和体育学习的能力进行科学合理的分组，突出安全保护的重点。大部分安全事故是由于课堂组织的管理较为混乱，学生之间开玩笑或打闹造成的。有的学生胆子较大，善于表现自己，渴望得到体育教师和同班同学的肯定。这类学生一般为学生中的"跳跳虎"，性格外向，有较强的表现欲，体质也较强，但是在进行体育活动时，常常把握不好安全的分寸，是引起体育教学伤害事故的"积极分子"，这类学生需要体育教师重点关注。相反，有些学生对体育项目不感兴趣，或产生畏惧，不愿意在体育活动中抛头露面。这种学生的体质较弱，性格较为内向，对于这类学生来说，体育教师应当鼓励他们，使其增加信心。有时体育教师可以分组对这两类学生进行教学。对于体育能力较强的学生，可以在基础教学的水平上提高一些体育活动的难度，满足他们的好胜心和好强心，进一步提升他们体育学习的能力和效果。对于体育能力较弱、性格较为内向的学生，体育教师应当按照循序渐进的原则，逐步培养他们对体育教学的兴趣，从一些较为舒缓的体育活动开始，增强他们的自信心。同时，要注重培养班级中的体育骨干，以辅助体育教师进行体育教学中的纪律管理。对于培养的体育骨干，既要求他们具有较好的体育能力，又要求他们认真负责，成为班级管理中的主心骨。教师可以采取分组的形式，选定体育骨干为小组长，在分组分类体育教学中发挥小组长的监督和保护其他同学的作用。体育教师可以在课前先对体育小组的组长进行简单培训，通过小组长带领分组同学进行体育活动。在小组长的带领下可以使全班同学形成较好的体育活动纪律，从而降低体育教学出现伤害事故的风险。

最后，教师将技术指导和安全保护工作同学生的纪律管理相结合。在体育教学中，教师要站在最明显的地方确保示范体育动作能够让所有同学看清。同时，自己的视线也能够覆盖所有学生的活动范围，确保随时随地察觉学生在体育活动中遇到的风险。对于一些难度较高或技术性较强的体育项目教学，教师要根据学生的特点，加强运动技术指导，对一些技术动作进行科学分析，统一组织学生训练。同时，身体力行地进行讲解，使学生既懂得体育项目的锻炼重点，也能够明白不当锻炼带来的危害，提高学生在体育活动中的防范意识。对于故意违反体育活动规则的学生要坚决给予惩罚，严厉制止错误性动作，引起其他同学的高度重视，确保体育教学的教学纪律能够真正维持正常体育活动，预防体育教学伤害事故的发生。

（三）课前主动消除事故隐患

体育教师在教学前一定要注意检查体育场地和体育器材的安全性。体育场地是否平整，体育器材是否安全可靠，能够经得住学生训练的强度是预防事故发生的最基本的要点。如果发现场地或体育器材具有安全隐患，应当及时改变体育教学内容。

在教学过程中，要特别注意观察学生的一些异常情况。特别对一些体质虚弱或对体育项目的技能掌握不熟练的学生，教师应着重加强关注。对于这些学生，教师可以积极引导，并在项目训练中给予赞扬，以增强学生的学习自信心。同时，也要观察他们的行为特征，便于及时发现安全隐患，避免体育教学伤害事故的突然发生。

完善初中生体育教学伤害事故处理与预防机制的策略，要增强体育教学伤害事故的风险意识，提高体育教学的安全预防效率，提升体育教师常见事故处理的技术能力，完善学校体育运动伤害事故处理的法律机制，保障学校各种体育基础设施的安全性，完善体育教学伤害事故风险防控体系，创设初中体育教学伤害事故的赔偿模式，等等。当然，初中体育教学伤害事故预防和处理机制的完善，既需要学校、体育教师、学生多方面的配合，也需要从科学理念、安全意识、教学能力和体育基础设施的实际情况出发，才能形成合力。本书致力于为学校和体育教师组织体育教学活动提供理论参考，对于为学生创设良好的体育锻炼环境具有较强的现实意义。

第九章 初中体育教学引入拓展训练的开发与实施

第一节 拓展训练相关概念界定

一、拓展训练的起源与发展

随着拓展训练模式的日趋成熟，其广泛发展并被接受，成为科学有效的体验式的培训方式。拓展训练最早要追溯到二战时期，受战争的影响，很多船只在海上受到攻击，船员身处冰冷的海水、一望无际的大海中，身心遭受挫折，许多人葬身大西洋中，但是人们很惊奇地发现，大部分存活下来的人们并不是船上体力最强、装备最精良的，反而是那些有着强烈求生意志的人。最初创建的拓展训练（Outward Bound）旨在训练海员生存的能力，培养其优秀的心理素质。30 年后，美国人皮赫在此基础上创立了学校版的生理拓展锻炼计划，在学校教育指导中效果极佳。1995 年，在刘力先生的引导下进入中国，并逐渐发展壮大，为国家机关、企业单位提供了优秀的人才。

二、拓展训练的内涵

拓展训练不但对个体来说是一种获益匪浅的学习形式，对团队的教育合作来说也是一种有效的培训方式。拓展训练是以体育活动为载体，以现有情景下的自然环境为训练场所，不论是内容还是形式，都与户外运动和课堂教学有着紧密的联系。

拓展训练在各个国家和地区的叫法各不相同，在我国，广东地区称之为"教练"，在中国香港地区人们将拓展训练称为"外展训练"；而日本人称它为"集体心理疗法"。拓展训练能够充分利用现有的自然环境或者人为地创造一种合适的，或简或繁的模拟情景，针对人的心理和身体进行一系列极限挑战与训练，它侧重于情感的全过程，激发潜能，提高学生的思想素质水平，以创造和谐的人际关系和相互协作的关系。它是注重整个活动过程的感知，以及通过活动过后的反思行为促使自身进步，并能够激发潜能、磨砺心智、和谐人际交往与协作等的实践活动。拓展训练的形式有：室内情境训练、户外场地训练和水上训练等。

《体育场所开放条件与技术要求》第 19 部分将"拓展"定义为：满足人们在指导人员的指导下，利用特定的场地、设施设备，为得到磨炼意志、激发潜能、完善人格和熔炼团队等方面的提高而进行的穿越、上升、下降和跳跃等活动。

拓展训练作为一种全新的运动形式传入中国，训练模式也逐渐多样化，改变了传统的单一发展模式，将团体动力学、多元智能理论、人本主义理论运用其中，训练内容逐渐丰富起来，为企事业单位员工的内心发展奠定了一个良好的开端。同时，随着人们对拓展训练研究的逐渐深入，一种全新的教育教学模式产生了，人们将拓展训练与体育活动、自然环境逐渐融合，为体育教学锻炼提供了新鲜的元素。与此同时，丰富的体育活动在一定程度上提高了学生的社会适应能力、交往能力，培养了学生坚强的意志品格，促使学生勇于探索、不断创新。

三、拓展训练的功能

（一）拓展训练的教育学功能

拓展训练可以丰富和完善传统的体育教育的有效实施。从本质上来讲，拓展训练归属于教育的一种，是当今世界上最科学有效的体验式培训之一。当今社会教育大体可以分为三种：知识的教育、技能的教育及世界观的教育。拓展训练符合《义务教育体育与健康课程标准》（2011年版）的理念，并且相比较我国传统的体育教学模式来说，拓展训练能够以学生为中心，根据学生的需求进行教学，关注学生的身心感受，强调"从做中学"，这强烈地刺激了学生学习的主动性和自发性。在轻松愉快又有点紧张的学习过程中，发展了学生的智力与体力，培养了一种正确的人生观、世界观。这种"知行并进"的教育模式会逐渐引入体育教学中，使传统的教学观念和教学模式得到改变。

（二）拓展训练的心理学功能

拓展训练也被称为自我突破的人格训练，不仅可以强身健体，也有助于心理健康的发展。在形形色色的社会压力下，拓展训练全新的教学理念、教学形式、教学内容和训练方法，能够针对当前人所处的独特环境，减轻人的心理负担，释放自我。拓展训练集教育、实用、趣味、挑战于一体，独特的风格魅力所产生的影响与《义务教育体育与健康课程标准》（2011 年版）中的心理健康的目标领域所提出的要求不谋而合，让学生在经历教师所创设的教学情境中，发现问题、分析问题、克服困难，找到解决问题的关键，体验共同努力后成功的快乐，在体验训练过程的经历中逐渐增强自己的精神抗压能力，从而得到重要的精神收获。同时，能改变学生对体育课的态度，启发他们对学习和生活进行思考，调动学生的主观能动性，促进其积极思考，与队友通力合作，这样更有利于体育健康课程的发展。

（三）拓展训练的社会学功能

在高速发展的市场经济制度下，越来越大的竞争压力让人们越来越重视中小学的教育事业，因此如何调整学生的心态，以便能更好地适应社会的变化，也是教育界需要思考的问题。而拓展训练让我们明白，在人生的道路上，挫折是不可避免的，勇气是生存所必需的，我们需要在安逸的生活中找回属于我们的宝贵的东西。在拓展训练过程中，我们时刻要牢记一句话："面对问题，要记住，只要你敢，你就能。"

拓展训练过程中所展示的情景模拟，是我们现实生活中所能遇到的问题，训练初中生在遇到各种各样的问题时如何去面对并解决它们，挑战心理的恐惧感。例如，在信任背摔中，教师鼓励学生突破心理障碍，迈出勇敢的第一步，当你能大叫着"我相信大家"时向后仰倒的一刹那，你就成功了，你就超越了自我，同学之间的信任就会加强，团队协作精神就会更加牢固。在拓展训练的课程中，让学生体验不同的社会角色，培养学生的自信，明确人生的目标，改善同学之间的关系，这对和谐社会的构建有着重要意义。

四、拓展训练的分类

(一) 按培训空间分类

按培训空间分类，可以分为高空项目（如空中抓杠、绝壁逢生、缅甸桥、神机飞虎队、天外飞仙、跳出自我、空中飞人、运炸药，以及其他各种场地小型项目）、平地项目（平地项目具有很强的研讨性，能够在参与的过程中创新思维、陶冶情操、熔炼团队，在自我认知的基础上，发掘人的潜能，提高组织策划能力，提高学习和管理水平，包括信任背摔、坐地起身、蜘蛛网、翻山越岭、盲人足球赛、盲人方阵、解手链、呼啦圈、搭桥过河、穿越电网、心心相印、拆核弹、地雷阵、疯狂的设计等上百个培训项目）、野外项目（利用户外天然的地形和特殊的场地环境，配合各种精心策划的团队游戏项目，将体能训练与团队的培养相结合，让参与者经历挫折与磨难，发掘自我潜能，如天然攀岩、扎竹筏、速降、急速营救、大拯救、星空静思、荒岛求生等）、定向越野项目（定向运动源于瑞典，以户外运动模式为主，现今风靡全球，它能够借助地图、指南针、探测仪等实用工具，按规定的方向对行进路线进行设计，选择自己认为的最精心设计的路线前进，是将参与者的智力与体力结合的一种户外运动）、室内项目（室内项目以培训企业文化、领导力、管理技巧等为主要内容，包括钉子游戏、撕纸游戏、七巧板、造桥、造塔等项目）。

(二) 按培训目的分类

按培训目的分类，可以分为挑战类项目（需要克服一些心理障碍才能完成的项目，如信任背摔、缅甸桥、彩虹桥、跨越断桥、空中单杠）、沟通类项目（在项目进行过程中起到良好的沟通作用，掌握沟通的细节，增强沟通效率，如肢体语言、交换名字、初次见面、穿衣服、囊中失物、瞎子摸象、勇闯"鬼门关"）、合作类项目（在项目进行时，需要两人或者是多人默契合作才能完成的项目，如诺亚方舟、美丽景观、建高楼、囚徒困境、寻宝之路、孤岛求生、笑容可掬等）。

（三）按培训人数分类

按培训人数分类，可以分为单人项目（在教师的指导下，一个人就可以完成的项目，如跨越断桥、空中单杠、缅甸桥等）、双人项目（需要两个人来完成的项目，如盲人足球、天梯、相依为命、哑人引路、偷天陷阱）、集体项目（需要两个人以上的项目统称为集体项目，如穿越电网、能量传输、击鼓颠球、不倒森林）。

第二节　初中体育教学引入拓展训练的可行性分析

一、初中具备开展拓展训练的理论基础

2004 年出版，由毛振明、王长权编著的《学校心理拓展训练》一书就将理论与实践结合，利用国外先进的信息资源和经验，经过理论的创新，对国内历史悠久的体育专业资源的亮点进行创编而成。钱永健著、2006 年出版的《拓展训练》一书，是我国第一本拓展训练培训师专用的著作，虽然内容较之前更加丰富，但是仍有许多瑕疵。该书在 2009 年和 2016 年再版，对实践环节做了很好的补充与完善，是目前最好、最

实用的拓展教材之一。此外，与拓展训练有关的书籍还有《生存指南》《户外运动与拓展训练》《户外运动拓展训练教程》《登山》《攀岩》《定向运动》等。这些书不但对拓展训练的起源、内涵、原理做了解释，而且对各个拓展训练项目进行了理论与实践方面的详细阐述，有些教材还对野外生存进行了分析，为教师或者爱好户外运动的人们提供了资料。

二、与生活实践密切相关，目的性强

拓展训练从表面上看来只是一种游戏或者一种活动，但实际上有很强的目标性，它是为了某些预期的结果而设计的。学生在书本上学到的只是理论知识，与实践是相脱节的，但是拓展训练却可以将学到的知识运用到实际生活中去，学校可以根据不同的生活需要制订不同的拓展训练项目，让学生在体验快乐的同时学到从书本上学不到的知识，感悟人生价值，这样既符合拓展训练的生存目标，又能满足学生和学校的需要，真正是一种能够"从做中学"的体育运动形式。

潜能是隐藏在人大脑深层意识中的、需要在外力的帮助下开发出来的一种内在潜力，即通常所说的潜意识，这也是人与生俱来却逐渐被遗忘的操作能力。在危机时刻，人们往往能够充分调动所有的智慧，急中生智，找到解决问题的办法。拓展训练能够激发学生的内在潜能，将生活实践与之密切地联系起来。

三、初中具备开设拓展训练的基本条件

《中学体育器材设备配备目录》要求基本的体育器材设施为接力棒、

栏杆、秒表、夹心球、长绳等 34 种一类必配器材，再加上学校现有的体育场地或者活动场地，这就已经具备了拓展训练实施的基本条件。拓展训练所需的场地具有选择性，一般针对地面上的活动项目，一块几十平方米的区域就可以进行，而且可以根据天气适当选择训练项目，即使阴天下雨，亦可在室内进行。拓展训练实施过程中所需的体育器材也可简化处理，废报纸、长绳、棍子、眼罩等日常常见的物件均可加以利用，即使是条件较艰苦的山区学校，亦可开展拓展训练。

在初中的组织与实施是拓展训练的关键环节，而教师（培训师）是保证拓展训练顺利实施的桥梁和纽带。因此，高素质的教师群体是保证拓展训练顺利实施的关键因素。现阶段，初中体育教师的整体受教育程度高，并有一定的实践经验，所以他们能很容易地掌握拓展训练项目的规则和实施方式，并能顺利地组织学生进行学习，有些地区的拓展训练培训师都是由学校教师担任的，因此学校具备了拓展训练实施的组织者和实施者。

四、拓展训练对初中体育教学具有重要的意义

长久以来，教育曾一度被人简化为"学校教育"，这种界定使教育的概念过于片面，让人们对教育的意义产生了误解。而且，教育的资源也大多集中在学校之间，尤其是体育教育的教学，社会对此接触较少，更容易被忽略。当今社会，经济性运动项目被广泛接受，在初中体育教学中推广，如田径、球类等。体育课程的实施场地以学校为主，浪费了自然的社会资源。素质教育的开发与实施就是为了顺应社会发展的长期要求，让全体学生都能够得到全面的发展，造就社会需要的人才。

作为一种新的教育手段和教学形式，拓展训练有其独特的优越性。体育教学的目的就是在提高学生的身心健康水平的基础上能够培养全面发展的人，而拓展训练的目标本质上与其有着异曲同工之处。拓展训练就是使体育回归原始的形态，学习与自然的融合，这就要求教师能够改变传统体育教学中简单、单向的"教"，使学生能够在参与各种拓展项目的同时积极主动地"学"，让学生与大自然的活跃气氛充分接触，体验集体合作，增强团队精神，使学生学习和掌握一整套增进与保持健康的科学方法和技能，在活跃的气氛中充分接触自然，体验集体协作力，增强团队精神。拓展训练能够让学生体会到自己身处学习的"主人"这一主体地位，主动去学习、参与、体验并吸收，充分体验到学习其实也是一种充满娱乐性的事。这种"先行后知"的培养模式受到社会各界的认可，所以引入拓展训练不仅符合课程改革的发展趋势，而且还丰富和完善了学校体育教育的课程体制。

当前，大部分学校的教育理念都是"学习第一"，大部分初中生也完全沉浸在这个理念中，用通俗的话来讲就是"除了学习什么都不会"，在与人交往、处理事故、团结合作等方面的能力几乎为零，成了所谓的"书呆子"。拓展训练的实施，能够在学校要求的基础训练的基础上，提高初中生的综合素质水平。而拓展训练遵循体育新课程标准中"健康第一"的指导思想，激发学生充分地自主学习的动力，帮助学生发觉自己的潜力、磨炼自己的意志力，同时增强学生自身的品质，从而让学生在活跃的教学环境中，与大自然充分接触，体验集体协作力，加强学生的团队精神建设。

因此，从理论上讲，拓展训练在初中体育教学中的实施是可行并能产生深远影响的，而且能对学生性格、心态、做事态度等产生很大的影响，对其日后步入社会有很大帮助。拓展训练既能改变初中学校体育学习内容空洞的现象，又能在学习真正体育知识的基础上提高学习兴趣和锻炼的能力，促进学生的身心健康，加强人际交往能力，提高社会适应力，这也是每个关心学校教育工作的人所乐见其成的。可见，这一教学模式符合现代我国体育教学的发展路程。

第三节　拓展训练的风险认识和规避

一、拓展训练的风险认识

人们对于拓展训练的认识一直是以室外拓展为主，高风险是户外运动需要防范的主要问题。对于初中生而言，安全的拓展训练是值得推荐的，但是实际上绝对的安全是虚幻的意愿，而风险的存在是实实在在的。

风险是一种客观的存在，不受人的意志控制。一些锻炼人的基本意志品质或者以培养团队精神为主的低风险的训练项目，对人们的身体伤害是很少的，可以说非常安全。这些项目正如 PA 组织（全称 Project Adventure，冒险计划）2015 年的安全记录通报中所说的那样，对百万小时只有 3.67 人受伤的现实状况来说，远远低于篮球、骑马受伤的人数。但是我国的拓展训练实施并不完善，并不能等同于 PA，不管是操作程序还是制度上，都有很多的不同之处，所以我们并不能因此而放松警惕。安全问题是学校教学过程中不可忽视的关键问题。因此，谈论拓展训练的安全问题，特别是高风险活动的安全问题，显得尤为重要。

风险是拓展训练的独特魅力所在，没有风险的活动不是真正意义上的拓展训练，不管是身体、心理还是行为方面，普通的体育课程或者游戏活动等都是存在一定的风险因素的。因此，风险是一种客观存在，绝对的安全是不切实际的。但是我们在此基础上，完全可以制订相应的教学计划，将风险降到最低。

二、拓展训练的风险规避

风险规避的原则是：预防事物不安定的状态，根绝人的不安全行为和意识，节制和干扰不安全成分。掌握风险规避原则是预防和干预拓展训练风险因素的前提条件。通过对风险的管理，可以使课程组织者在合理的范围内采取风险控制，以最大限度地追求利益。

（一）提高安全意识

很多学生因为是第一次参加拓展训练，往往很兴奋，在对拓展训练课程感兴趣的同时容易忽略对于危险的防范。由于对拓展训练的认识不足，学生总会在潜意识中忽略运动的风险，总以为爬低一点、幅度小一点就不会有危险，致使学生在无安全保护的情况下单独进行风险运动，培训教师也始料不及，来不及制止。所以，一定要提高安全意识。

一定的安全隐患是拓展训练的独特魅力，如果完全否定，就失去了开展拓展训练课程的意义。提高拓展训练实施过程中实施者和实行者的安全意识，是拓展训练能够有效实施的前提条件。教师要了解学生的身体情况，协调各方面的配合，及时掌握学生动态，提前做好预防工作，这是风险控制的有效方法。

（二）防范安全隐患，注意维护场地和器材

拓展训练所需的场地和器材是拓展训练顺利进行最根本的物质保障。拓展训练的实施场地包括室内和户外两种。场地器材是拓展训练资本投入最大的一项，拓展场地的选择也需要考虑多重因素的影响，一旦建成，很难更换。在此基础上，场地及器材的维护也是很多拓展训练公司的一大资本投入，为了减少开支，导致很多拓展训练公司或单位的场地和器材的维护不到位，器材维护的程度远远落后于损耗的程度，这就加大了拓展训练的风险。因此，定期对拓展训练的场地和器材进行安全检查，做好借用、收录、损坏记录，既方便器材的管理，又便于器材的维护。

（三）预防环境条件带来的风险，灵活运用应急预案

应该建立拓展训练意外伤害保险制度，这样有利于降低风险，提高拓展训练机构的风险抵御能力。保险业的加入为拓展培训机构、培训师和学员的安全提供了物质、资金的保障，对于促进拓展训练过程中安全问题的责任界定，促进行业安全操作责任制的健全，以及促进学员的安全保障，进而促进整个拓展训练行业的安全具有重要作用。实施人身意外伤害保险制度使事故统计上报与索赔得以落实。通过实施人身意外伤害保险制度，可以让每次拓展训练中出现的事故得到上报，为拓展训练行业提供有益的借鉴。实施意外伤害保险有利于降低企业经营风险。而在拓展训练意外安全事故发生之前，应该建立应急救援预案，一旦遇到危险，应该有及时有效的救援，一旦某个环节出问题，相应的救助体系将立即启动。

参与训练的人员在面对突发事故时，应保持冷静的头脑，大胆应对，认真负责，区分优先顺序，坚决实行科学合理的方法急救。在治疗患者时，一定要视伤势轻重来判断治疗的先后顺序，危重症患者要先接受治疗，现场人员在观察现场环境、保证自己安全的同时，及时判断情况，根据现场能够支配的人力、物力及替代品帮助培训人员进行急救措施。

（四）建立完善的项目管理制度

拓展培训管理离不开开发项目管理系统的制定，从项目内容的确定到项目的准备阶段和实施阶段，不断完善相关制度。做好拓展训练实施的准备过程的管理工作是对拓展训练方案进行管理的一种有效手段，项目的准备阶段、项目的实施阶段和项目的总结阶段是制定完善的项目管理制度的重点。项目准备阶段也被称为安全调查阶段，包括检查设备安装的隐患、现场布置和情景的模拟，安排培训和相关的安全提示等。项目实施过程中，一定要注意的阶段是安全防范阶段，即项目的实施阶段，培训员或者教师一定要进行安全意识的培养过程，这主要包括安全意识的培养、规范操作的训练、保护措施的讲解等；项目的总结阶段就是实施过后的维护阶段，主要包括对场地器材的整理和维护、损坏器材的保养及报废等。

（五）建立有效的意外伤害保险制度

意外伤害保险制度是拓展训练规避风险的重要途径之一。建立拓展训练意外伤害保险制度有利于降低风险，提高拓展训练机构的风险抵御能力。保险业的加入是拓展培训机构、培训师和学员安全的物质保障，对于促进拓展训练过程中安全问题的责任界定，促进行业安全操作责任制的健全，以及促进学员的安全保障，进而促进整个拓展训练行业的安全具有重要作用。实施人身意外伤害保险，有利于化解和转移意外事故导致的赔付问题，如 2006 年太平洋保险公司针对中国登山协会的情况，设计开发了"登山户外运动专项保险"，为防范安全事故的发生提供了保障。

第四节　拓展训练模式的构建

一、激发学生主体能动性的学习型拓展训练教学模式

这是一个类型多变、概念广泛的体育教学模式，传统体育教学也注重这一模式的构建，但是效果差强人意。这一模式的实施首先要避免教师的过多介入，而是应当尊重学生的主体地位和学习的自发性。随着素质教育的不断深入，新课程改革中教师的地位逐渐向课堂的组织者、学生自主学习能力的引导者、课程的开发与实施者转变，学生也不再被动学习，而是在教师的指导下，调动内在的学习动机，主动参与学习，充分发挥学生的主观能动性进行思考和策划。教师在设计教案时应当留有空白，给学生自由发挥的机会，让学生真正参与到课堂的设计中来，这不但可以培养学生学习的积极性和主动性，还能促进教师与学生之间的交流。在模式实施的结构过程上，一定要让学生参与到每一个教学环节中来，教学形式灵活多样，教学内容具有选择性，如可以让学生自行选择教学内容并进行准备活动，在一定程度上选择训练的方法和进度，还

可以让学生组织上课，让学生在互相配合中明白如何引导他人、反省自己，以进一步激发学生的自主性，培养学生的策划能力、组织能力，通过角色的互换了解彼此的世界。

二、以培养学生终身体育意识为目标的拓展训练教学模式

终身体育意识的培养是在长期的生活中，通过参与体育锻炼受到潜移默化的影响而形成的学习过程，这是一个持续的、不断的过程，不可能在短时间内就有所成效。因此，实施这一教学模式，就要做好长期性的准备工作，循序渐进地对学生进行影响，操之过急反而会使学生产生抵触心理。

在体育教学过程中，教师应该充分利用引人入胜的故事情节导入，帮助学生尽早进入角色，通过活动的开展，激发学生的兴趣，这是形成终身体育观念的第一步。其次，促进和巩固学生对体育锻炼的态度，培养学生的体育素养，这是今后能够促进学生持续、积极参与体育运动的内在动力。这一教学模式与其他教学模式相互影响、相互作用，这就是这种模式的价值所在。

三、以掌握运动技能为主要目标的拓展训练教学模式

传统的体育教学以学生掌握运动技能为主，而拓展训练目标广泛，但是对运动技能的训练却很少。这种模式需要借鉴传统体育教学的运动项目，采用拓展训练的形式实施，教学的单元计划也要以某一项运动技能为主线，按照青少年身心发展的变化规律来设计教学过程，通过合理的改造，赋予体育教学内容以丰富的趣味性和娱乐性，使学生能够系统

地掌握知识技能，提高技术水平和能力，同时又能体验乐趣。教学的指导思想主要侧重于从游戏中掌握运动技能，在快乐体验的同时完成教学任务。这种学习型教学模式的教学程序区别于其他模式，在课程的开始部分需要教师引导学生产生兴趣，通过讲解示范让学生练习体验，最后通过游戏去加强体验结果。该种模式需要教师具有较高的运动技能水平和较强的指导能力，本模式的难点是运动技能的掌握是一个较为枯燥的学习过程，重点是让学生在体验到游戏乐趣的同时，又能掌握技能，因此这种模式要充分发挥教师的主导作用，兼顾好各种因素。

四、以熔炼团队为主要目标的拓展训练教学模式

团队的熔炼是拓展训练一种显著的特征，以熔炼团队为主要目标的集体主义拓展训练教学模式是指在体育教学过程中，以学生之间相互协作、情感交流和经验分享作为教学的主导方式，通过设计一些有难度、有目标、能够达成的教学目标，以小组的形式进行队伍的编排，队员之间相互协作，找出方法，通过克服困难，加深学生之间的情感交流，从而高质量完成教学任务的学习策略。

这种教学模式要注重教学过程和教学结果的评价，主要是为了使学生在不断的学习中主动地与同伴交流自己的心得体会，学会分享经验，通过合理的方式表达自己的情绪体验，以提高自己的交往能力和乐于助人的精神。

第五节　初中体育教学引入拓展训练的开发策略研究

一、根据不同年龄阶段的特点实施不同的拓展训练课程项目

拓展训练的确对学生的身体存在一定的危险性，但是这些危险对学生素质能力的提高有很大帮助，只要针对不同年龄段的学生实施不同的训练项目，就会循序渐进地提高他们的身体素质与能力。因而，只有根据初中学生和高中学生的不同年龄特点、不同身体体质，制定出不同的拓展训练项目，才能达到教学教育的目的。

二、加强师资队伍建设，提高教师的专业素质水平

教师的专业素质水平直接影响着体育拓展训练完成的质量。学校应该积极组织教师进行拓展训练知识的培训，以便提高教师的专业素质水平。在有成功教学经验的地区举办拓展训练教学的研讨会，促进教师之间的交流，学习成功的经验，丰富教师对拓展训练教学实施的体验，并提高自身的水平。同时，教师应该积极主动地参与拓展训练培训过程，开阔眼界，不拘泥于传统体育教学模式，丰富自身的知识，学习先进的经验，充分利用现有的体育资源，最大限度地开发体育拓展训练的课程内容。所以，学校应该积极组织教师进行相关专业的培训，提高教学能力，这是拓展训练在初中体育课堂教学中顺利实施的前提条件。

教师应该具备专业的知识、灵敏的头脑和反应力，同时还要有一定

的户外生存经验，掌握生存技巧的知识结构，能够及时捕捉知识、更新知识，对拓展知识能灵活运用，掌握学生微妙的心理变化，能够独立应对突发事件，给予学生积极、乐观、正确的引导，同时还应该具有一定的管理组织能力和清晰的头脑。

广大从事体育教育的工作者应积极开阔视野，摒弃旧的教育教学经验，开发思维能力，将拓展训练项目同体育教学更好地结合起来，巧妙地设置一些情节，既提高了学生兴趣，又使学生的综合素质得到提高，把社会发展的需要和体育课程的需求通过团队拓展训练的方式联系在一起。

三、为拓展训练的实施提供必要的场地器材

拓展训练的方式灵活多变，学校可根据学生的特点及拓展项目的要求，对体育场地进行基础建设，同时也可以根据自身的师资力量水平对体育器材进行选择，这样便于为拓展训练顺利实施提供物质保障。

较强的灵活性和适应性是拓展训练优于传统体育教学的两种特性，它受环境的影响较少，转圜空间大，室内外都可进行，所需场地器材都比较简单，学生可以根据项目的要求分成几组进行。体育教师可以根据现有的体育场地设施和器材制订教学计划，也可以用现有的器材替代所需的器材，如铅球、绳子、接力棒等器材都可以用夹心球替代，也有很多项目并不需要器材的辅助。因此，即使是条件不是很优越的学校，也很适合开展拓展训练。

拓展训练内容丰富，实施方式具有灵活性和多变性，可以为实现特定目的设计活动内容，拓展训练的运行方式类似于游戏，融趣味性、实

用性、知识性于一体，能激发学生体育运动的热情，使学生积极主动地参与到活动中去。例如，天津官港森林公园"体验式"拓展训练基地有专业的拓展服务，但是在淡季其使用率很低。这时，高校完全可以和这些类似的拓展训练机构进行合作，使得双方获益。

四、加强宣传力度，让人们对拓展训练有正确的认识

拓展训练是一种新型的运动项目，虽然受到各个国家的广泛借鉴，但是它的发展还不是很完善，正处于探索阶段，传入中国并引入学校教学的时间就更短了，教师、学生及家长对其认识也不够。拓展训练传入中国之初是用来进行企业员工培训的，参与方式一般是俱乐部形式，随后才进入高校。由于体系的建立并不完善，安全事故也时有发生，外界人士对拓展训练的认识也仅限于野外生存活动，对拓展训练的了解不是很深入，认为风险系数较高。而且学校以学生的安全为主，这阻碍了拓展训练的实施及发展，这样很容易使学生产生消极情绪，不利于拓展训练的实施。因此，我们要加强宣传力度，让人们对拓展训练有一个正确的认识，让人们能够积极地响应并参与其中。

五、进行风险评估，建立安全保障体系

安全是拓展训练培训过程中的一项重要责任，教师尽可能地通过一定的手段保障拓展训练各环节的安全。各项户外活动的保护装备均使用一流的专业器材，经培训员指导监控活动的全过程。因此，必须要有针对性地开展防范工作，保证拓展训练引入初中体育课堂的顺利实施。课程的实施要经过详细的制定和安排。当然，真正的安全不是只靠制定相

应的制度就能得到实现，只要实施者能够灵活依据不确定因素制定安全的预案，干扰或者消除不稳定因素，一定能使项目顺利开展。虽然拓展训练有一定的风险，但是可以避免。我们应建立健全安全保障体系，制定相应制度，以便应对突发情况。

六、健全学校课程管理体系，为拓展训练的实施提供制度保障

完善的学校制度为拓展训练能够在学校顺利实施提供了保障。健全学校课程管理体制，首先要让学校认识到学生的任务不仅仅是学习，培养其他能力也很重要，使其对开设拓展训练课持支持的态度，只有这样，才能从根本上保证拓展训练课的开设。

七、充分利用各种自然、人力资源

拓展训练进入初中体育课程，更有利于各个学校根据实际情况开发校本课程，能够自主选择拓展训练的内容、实施方式、教学手段，有的放矢地对体育教学进行改革和实验。配合拓展训练的项目，因地制宜地开发各种资源，如可以调动学校有体育特长或者爱好体育的教师、家长、骨干学生或者其他的学校在职人员，参与到课程的实施与改革中，开发人力资源；利用学校的自然资源，稍加改造或者与体育器材相结合，模拟拓展训练场景，开发学校自然资源，并对传统的体育项目加以改造，丰富体育课程资源。不仅如此，还可以充分利用校外课余体育运动项目或者组织部门开展社区体育、俱乐部体育、冬（夏）令营等体育活动，开发社会体育资源。

拓展训练是 1995 年引进中国的一种全新的培训方式，在推广的过

程中，拓展训练逐渐被各个领域所接受。拓展训练内容新颖、有趣，是一种具有挑战性的教育项目。它能让学生在体验快乐的同时学到知识，而这与体育教学中的教学理念有很多相似之处。拓展训练是利用自然情景或是人工设置的场地及场景，根据不同的个人、组织的特征和需求而达到某种预期的目的，在这些特定的环境和气氛中，能够锻炼人们克服自己的不足，激发人的潜能，提高语言表达能力、自我控制能力和社会交往能力。在强身健体的同时，塑造了学生坚毅勇敢、果断冷静的意志品质，培养组织，熔炼团队，提高集体荣誉感。因此，拓展训练与体育教学的相互渗透，不但可以充实体育教学内容，提高教学质量，完成体育教学目标，还可以增强学生体质，增加学生自信心和自尊心，提高学生社会适应能力、交往能力，培养学生的组织管理能力和解决危险的能力。

参考文献

[1] 高慎英，刘良华.有效教学论 [M].广州：广东教育出版社，2004.

[2] 鲍里奇.有效教学方法 [M].南京：江苏教育出版社，2002.

[3] 崔允漷.有效教学：理念与策略 [M]. 北京：人民教育出版社，2001.

[4] 陈厚德.有效教学 [M].北京：教育科学出版社，2000.

[5] 张庆林.高效率教学 [M].北京：人民教育出版社，2001.

[6] 中华人民共和国教育部.义务教育体育与健康课程标准 [M].北京：北京师范大学出版社，2012.

[7] 钱玲，喻潜安.教学设计理论与实践 [M].北京：教育科学出版社，2012.

[8] 杨雪芹，刘定一.体育教学设计 [M].桂林：广西师范大学出版社，2006.

[9] 张新，李运.初中体育教学设计 [M].北京：科学出版社，2012.

[10] 陈晓慧，李赫，陈晓军.教学设计 [M]. 北京：电子工业出版社，2009.

[11] 杨九民，梁林梅.教学系统设计理论与实践 [M].北京：北京大学出版社，2008.

[12] 杨文轩，季浏.义务教育体育与健康课程标准（2011 年版）解读 [M].北京：高等教育出版社，2012.

[13] 黄煜峰.初中生心理学 [M].杭州：浙江教育出版社，2002.

[14] 马凌.体育游戏 [M].北京：人民教育出版社，2007.

[15] 肖刚.有效性教学理论之研究[D].上海：华东师范大学，2001.

[16] 陈汝平.新课程背景下的有效教学 [D].重庆：重庆师范大学，2005.

[17] 庄婉莲.有效教学策略 [D].上海：华东师范大学，2004.

[18] 于金玲.新课程标准下有效教学评价研究 [D].上海：上海师范大学，2006.

[19] 柴娇.我国中小学体育课程教学设计的理论与实践研究 [D].北京：北京体育学院，2006.

[20] 马云慧.对体育游戏式教学的思考 [J].黔南民族师范学院学报，2002（6）：70–73.

[21] 李佳虹.浅析体育游戏在体育教学中的运用 [J].科学咨询，2012（10）：87–88.

[22] 李珍爱，庄孝利.体育游戏与学生心理健康浅探 [J].成才之路，2009（11）：64.

[23] 肖玲.体育游戏在中小学体育教学中的运用 [J].教学研究，2010（7）：290–291.

[24] 麦春.体育游戏在初中体育教学中的运用研究 [J].中国科教创新导刊，2008（27）：244.

[25] 杨宏伟.浅析体育游戏在教学中的运用 [J].黑龙江科技信息，

2009（9）：133.

[26] 杨国庆，李卫东.游戏法在篮球教学中的应用 [J].中国学校体育，2001（2）：27.

[27] 钟荷花.新课标准下体育游戏在体育教学中的作用及运用 [J].青少年教育，2005（3）：18.

[28] 徐继存，段兆兵，陈琼.论课程资源及其开发与利用 [J].学科教育，2002（2）：1–5.

[29] 范蔚.实施综合实践活动对课程资源的开发利用 [J].教育科学研究，2002（3）：32–34.

[30] 郑晓梅.论校本课程开发中的人力资源 [J].齐齐哈尔师范高等专科学校学报，2000（4）：85–88.

[31] 胡萍.把握教材与学情，联系生活实际：新课程下初中体育教学设计的优化策略探析 [J].新课程导学，2014（9）：82.

[32] 焦敬伟.体育教学设计的基本过程与方法 [J].上海体育学院学报，2003，27（6）：86–88.

[33] 胡波.基于新课程理念的现代教学设计 [J].中国教育学刊，2007（3）：44–48.

[34] 何克抗.关于《中小学教师教育技术能力标准（试行）》 [J].中小学信息技术教育，2005（2）：4–9.

[35] 戴俊.体育学习动机培养与激发刍议 [J].西南民族大学学报：人文社会科学版，2005（4）：393–394.

[36] 王瑜.学习动机研究的新进展及趋势展望 [J].当代教育论坛，2005（22）：40–41.

[37] 程新英.初中女生体育学习动机、兴趣的研究及教学策略 [J].吉昌学院学报，2005（2）：75-77.

[38] 张宏，沃建中.初中生学习动机类型和对自身学习能力评价的关系 [J].心理发展与教育，2003，19（1）：25-30.

[39] 张剑，郭德俊.内部动机与外部动机的关系 [J].心理科学进展，2003（5）：545-550.